Jacqueline Vogel

Lehrbuch für Datenschutzbeauftragte

Expertenwissen

Vogel-Verlag

Impressum

Autorin: Jacqueline Vogel

Verlag: Vogel-Verlag, 97532 Üchtelhausen
ISBN: 978-3-9824784-1-8

1. Auflage 2022

Über mich

Meine ersten beruflich bedingten Berührungen mit dem Datenschutz hatte ich bereits im Jahre 2002. Als Personalsachbearbeiterin war ich nebenamtlich im behördlichen Datenschutz tätig. Zwischenzeitlich habe ich diverse Aufstiegsfortbildungen genossen und bin staatlich geprüfte Betriebswirtin, was es mir unheimlich erleichtert, sämtliche Prozesse im Unternehmen aus der Sicht des Datenschutzes zu beleuchten. Ich übernehmen im kleinen Familienunternehmen der IT und Datensicherheit den Fachbereich „Datenschutz". Als Beraterin und Datenschutzbeauftragte betreue ich Unternehmen jeder Größe. angefangen vom Handwerker über Gesundheitspraxen bis hin zu Konzernen. Meine Aufträge umfassen meist die Erstellung datenschutzrechtlicher Unterlagen, die Durchführung von Mitarbeiterschulungen, Vertragsprüfungen oder interne Audits. Wenn es meine Zeit hergibt, bilde ich als Referentin neue Datenschutzbeauftragte aus und bereite neue Kollegen auf die IHK- oder TÜV-Prüfung vor. Die Tätigkeit als Referentin für Vorträge und Weiterbildungen führte auch dazu, dass ich ein eigenes Lehrbuch entwickelt habe. Ich habe meine Passion in der Vermittlung von Fachwissen gefunden. Es macht mir sehr viel Spaß meine Erfahrungen weiterzugeben und dem komplexen Fachwissen ein bisschen mehr Leichtigkeit zu verleihen. Neben meinen Zertifizierungen als Datenschutzbeauftragte (TÜV) und Datenschutzauditorin (TÜV) bin ich auch Mitglied im ERFA-Kreis Bayern der Gesellschaft für Datenschutz und Datensicherheit e.V. (GDD), Mitglied der offiziellen Allianz für Cyber-Sicherheit und KMU Beraterin.

Gender Hinweis:

Aus Gründen der besseren Lesbarkeit wird bei Personenbezeichnungen und personenbezogenen Hauptwörtern in diesem Buch die männliche Form verwendet. Entsprechende Begriffe gelten im Sinne der Gleichbehandlung grundsätzlich für alle Geschlechter. Die verkürzte Sprachform hat nur redaktionelle Gründe und beinhaltet keine Wertung.

Zielgruppe

- (angehende) Datenschutzbeauftragte
- Datenschutzkoordinatoren
- Datenschutzmanager
- Geschäftsführer, Inhaber und Vorstandsmitglieder als Hauptverantwortliche im Datenschutz
- Interessierte Datenschützer

Dieses Buch baut auf dem Basisbuch „Lehrbuch für Datenschutzbeauftragte“ auf und ergänzt die Grundkenntnisse durch Expertenwissen.

Um die fortführenden Themen zu verstehen und das Erlernte Fachwissen anwenden zu können sind Grundlagenkenntnisse im Datenschutz erforderlich. Dieses Buch ist im Aufbau angelehnt an das Basisbuch. Es vermittelt tiefergehende Fachkenntnisse zu ausgewählten Themen des Datenschutzes anhand der Datenschutzgrundverordnung (DSGVO) und des Bundesdatenschutzgesetzes (BDSG) sowie angrenzende Gesetze wie das Gesetz zur Regelung des Datenschutzes und des Schutzes der Privatsphäre in der Telekommunikation und bei Telemedien (TTDSG).

Auch die Fortführung des Basisbuches hat das Ziel durch verständliche Texte und anschauliche Grafiken die Themen leicht nachvollziehbar zu gestalten. Auf eine umständliche juristische Fachsprache wird bewusst verzichtet. Zahlreiche Tipps und praktische Hinweise helfen Ihnen bei der Umsetzung der Forderungen im Unternehmen oder Verein. Mit anschaulichen Übungen können Sie außerdem Ihr Wissen testen.

Das Buch bereitet zusätzlich auf die Prüfung zum betrieblichen Datenschutzbeauftragten vor. Mit diesem Lehrbuch eignen Sie sich das notwendige Fachwissen im Datenschutz an und testen das neu Erlernte anhand typischer Prüfungsaufgaben. Zusätzlich enthält das Buch zahlreiche Vorlagen und Muster, damit Sie nach der Prüfung den Datenschutz gleich in die Praxis umsetzen können.

Inhaltsverzeichnis

Zeichenerklärungen:

Diese Erklärung bringt etwas Licht in das Dunkel.

Hier finden Sie wichtige Informationen oder Hinweise oder eine kurze Zusammenfassung wesentlicher Inhalte.

Empfehlungen:
Hier finden Sie nützliche Quellen für zusätzliche Informationen oder Hinweise zu einem systematischen Vorgehen.

Abkürzungen

2FA	2-Faktor-Authentifizierung
ADV/AVV	Auftragsdatenverarbeitung, Vertrag zur Auftragsverarbeitung
AG	Aktiengesellschaft
AO	Abgabenordnung
Art.	Artikel
BayDSG	Bayerisches Datenschutzgesetz
BCR	Binding Corporate Rules
BDSG	Bundesdatenschutzgesetz
BGH	Bundesgerichtshof
BSI	Bundesamt für Sicherheit in der Informationstechnik
CEO	Chief Executive Officer (Unternehmensvorsitz z.B. Geschäftsführung)
CoC	Code-of-Conduct
DSB	Datenschutzbeauftragter
DSFA	Datenschutz-Folgenabschätzung
DSGVO	Datenschutz-Grundverordnung (EU-DSGVO)
DSK	Datenschutzkonferenz
EDSA	Europäischer Datenschutzausschuss (eigentlich EDPB = european data protection board)
EG	Erwägungsgrund
EU	Europäische Union
EuGH	Europäischer Gerichtshof
GmbH	Gesellschaft mit beschränkter Haftung
IDS	Intrusion-Detection-System

ISB	Informationssicherheitsbeauftragter
IHK	Industrie- und Handelskammer
KG	Kommanditgesellschaft
LDSG	Landesdatenschutzgesetz
OTT	Over-the-Top Dienste
PAuswG	Personalausweisgesetz
PIMS	Personal Information Management System
SCC	Standard Contract Clauses (Standarddatenschutzklauseln)
SSO	Single Sign-On (Einmalanmeldung)
StG	Strafgesetzbuch
TKG	Telekommunikationsgesetz
TMG	Telemediengesetz
TOMs	Technische und Organisatorische Maßnahmen
TTDSG	Gesetzes zur Regelung des Datenschutzes und des Schutzes der Privatsphäre in der Telekommunikation und bei Telemedien
TÜV	Technischer Überwachungsverein
VPN	Virtual Private Network
VVT/VVZ	Verzeichnis der Verarbeitungstätigkeiten
WLAN	Wireless Local Area Network

1. Einführung

Dieses Expertenbuch knüpft an das Lehrbuch für Datenschutzbeauftragte „Basiswissen" an. In den folgenden Kapiteln werden Spezialthemen, die ein tieferes Verständnis für den Datenschutz voraussetzen, behandelt. Verwendete grundlegende Begriffe des Datenschutzes können bei Bedarf im Basisbuch nachgelesen werden. Angelehnt an das einführende Lehrbuch endet jedes Kapitel mit Kontrollaufgaben, die der Vorbereitung auf eine Zertifikatsprüfung zum Datenschutzbeauftragten dienen. Ebenso können die Leser in den Anlagen verschiedene Muster oder Vorlagen finden, die der Veranschaulichung der Themen dienen und den Einstieg in die praktische Tätigkeit erleichtern sollen. Viele wichtige und nützliche Links für weiterführende Themen oder digitale Vorlagen finden Sie in der Anlage 6 „Nützliche Links".

In jedem Kapitel finden Sie die zugehörigen Artikel oder Paragrafen der einschlägigen Datenschutzgesetze. Verfolgen Sie die Gesetzestexte und lernen Sie anhand der weiterführenden Erläuterungen den Sinn der rechtlichen Anforderungen zu verstehen. Zahlreiche Beispiele, Muster und Vorlagen ergänzen die Erläuterungen. Einige Vorlagen können Sie direkt für die Umsetzungsarbeit im Unternehmen oder Verein nutzen. In der Anlage 6 können Sie die Fundstellen für digitale Vorlagen einiger datenschutzrechtlicher Dokumente finden.

Jedes Kapitel endet mit typischen Prüfungsfragen für eine Zertifizierung zum/zur Datenschutzbeauftragten. Anhand der Kontrollfragen können Sie Ihren Wissenstand testen. Die Lösungen der Kontrollfragen finden Sie in der Anlage.

2. Auftragsverarbeitung

In diesem Kapitel lernen Sie...

- Die Unterschiede zwischen einem Auftragsverarbeiter und einem Dritten.
- Die Kriterien einer Auftragsverarbeitung.
- Die Anforderungen an den Verantwortlichen und an Auftragsverarbeiter.
- Die Inhalte eines Vertrages zur Auftragsverarbeitung.

2.1 Der Auftragsverarbeiter

Grundsätzlich muss zunächst geklärt werden, ob die DSGVO für Auftragsverarbeiter zur Anwendung kommt.

Artikel 3 DSGVO

1) Diese Verordnung findet Anwendung auf die Verarbeitung personenbezogener Daten, soweit diese im Rahmen der Tätigkeiten einer Niederlassung eines Verantwortlichen oder eines **Auftragsverarbeiters** in der Union erfolgt, unabhängig davon, ob die Verarbeitung in der Union stattfindet.

2) Diese Verordnung findet Anwendung auf die Verarbeitung personenbezogener Daten von betroffenen Personen, die sich in der Union befinden, durch einen nicht in der Union niedergelassenen Verantwortlichen oder **Auftragsverarbeiter**, wenn die Datenverarbeitung im Zusammenhang damit steht

a) betroffenen Personen in der Union Waren oder Dienstleistungen anzubieten, unabhängig davon, ob von diesen betroffenen Personen eine Zahlung zu leisten ist;

b) das Verhalten betroffener Personen zu beobachten, soweit ihr Verhalten in der Union erfolgt.

Bereits im Basisbuch haben wir uns mit den Artikeln 2 und 3 der DSGVO detailliert auseinandergesetzt, um systematisch zu prüfen, ob die weiteren Regelungen der DSGVO überhaupt berücksichtigt werden müssen. Dies ergibt sich aus den Anwendungsbereichen der Rechtsvorordnung.

Wie sind Auftragsverarbeiter und Dritte zu unterscheiden?

Dazu sehen Sie sich bitte noch einmal Nummer 10 der Begriffsbestimmungen an.

Artikel 4 Nr. 10 DSGVO

„Dritter“ ist eine natürliche oder juristische Person, Behörde, Einrichtung oder andere Stelle, außer der betroffenen Person, dem Verantwortlichen, dem Auftragsverarbeiter und den Personen, die unter der unmittelbaren Verantwortung des Verantwortlichen oder des Auftragsverarbeiters befugt sind, die personenbezogenen Daten zu verarbeiten.

Aus der Definition für „Dritte“ ist erkennbar, dass Auftragsverarbeiter nicht zur Gruppe der Dritten zählt, sondern eine eigene Parteigruppe darstellt.

Artikel 4 Nr. 8 DSGVO

„Auftragsverarbeiter“ ist eine natürliche oder juristische Person, Behörde, Einrichtung oder andere Stelle, die personenbezogene Daten im Auftrag des Verantwortlichen verarbeitet.

2.2 Beziehungen zwischen Verantwortlichen und Auftragsverarbeitern

An einer Datenverarbeitung sind häufig viele verschiedene Akteure beteiligt. Die verantwortliche Stelle erhält von einer betroffenen Person persönliche Daten, die häufig die verantwortliche Stelle dann auch wieder verlassen. Dies stellt eine Übermittlung der Daten dar z.B. an einen Steuerberater, an ein Kreditinstitut oder an ein Partnerunternehmen. Selbst bei der Nutzung von technischen Geräten werden Kunden- oder Mitarbeiterdaten häufig unbewusst an Dritte oder auch an Auftragsverarbeiter übermittelt. Um eine klare Zuordnung treffen zu können, ob es sich bei einem Empfänger von Daten um einen Dritten, Auftragsverarbeiter oder ggf. einen weiteren Verantwortlichen handelt, müssen die Datenflüsse[1] im Unternehmen oder der Einrichtung detailliert bekannt sein. Deshalb ist eine umfangreiche Analyse, wie es im Kapitel 1 des Lehrbuches „Basiswissen" erläutert wurde, unerlässlich.

Der Datenschutzbeauftragte unterstützt den Verantwortlichen bei der Beurteilung, ob eine Verarbeitungstätigkeit eine Auftragsverarbeitung darstellt. Außerdem erstellt und prüft er die notwendigen Verträge und führt Kontrollen bei den Auftragsverarbeitern durch.

<u>Verantwortlicher:</u>
verarbeitet die Daten des Betroffenen.

<u>Betroffener:</u>
Person, von der ein Verantwortlicher Daten verarbeitet.

<u>Auftragsverarbeiter:</u>
Einrichtung, die Daten im Auftrag des Verantwortlichen verarbeitet.

---

[1] Siehe Basisbuch Kapitel 1.4

Dritte:
Alle anderen, die nicht Verantwortlicher, Betroffener oder Auftragsverarbeiter sind.

Eine klassische Auftragsverarbeitung liegt vor, wenn die verantwortliche Stelle eine Datenverarbeitung an einen fremden Dienstleister übergibt. Dieser Dienstleister tritt als verlängerter Arm für die Organisation auf. Bisher sind wir davon ausgegangen, dass eine verantwortliche Stelle die Daten der betroffenen Personen selbst verarbeitet. Werden allerdings Dienstleister mit der Verarbeitung der Daten beauftragt entsteht eine neue Rechtsbeziehung, die eine besondere Bedeutung im Datenschutz hat.

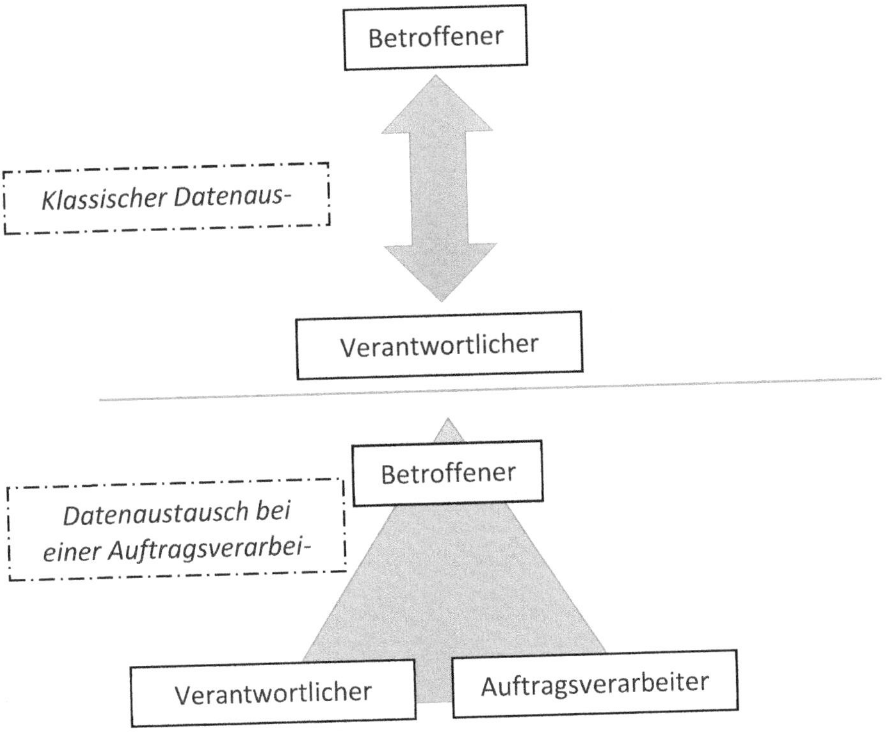

Abbildung 1: Unterschied Klassischer Datenaustausch und Auftragsverarbeitung

Bei einer Auftragsverarbeitung entsteht eine Dreiecksbeziehung zwischen Betroffenen, Verantwortlichen und Auftragsverarbeitern (siehe Abb. 1).

Auftragsverarbeiter arbeiten im Auftrag und unter der Verantwortung des Verantwortlichen. Begriffsbestimmung siehe Art. 4 Nr. 8 DSGVO

Dabei ist es manchmal unerheblich, ob der Dienstleister tatsächlich beauftragt ist Daten - wie z.B. Druckaufträge - zu verarbeiten (Abb. 3) oder ob dem Dienstleister Daten möglicherweise offengelegt werden, wie es bspw. bei Fernwartungen durch IT-Dienstleister der Fall ist (Abb. 5). In beiden Fällen sprechen wir von einer Auftragsverarbeitung. Ein Dienstleister kann dabei beauftragt werden die Daten direkt beim Betroffenen zu erheben (Abb. 4) oder er bekommt die Daten von der verantwortlichen Stelle erst übermittelt (Abb. 3).

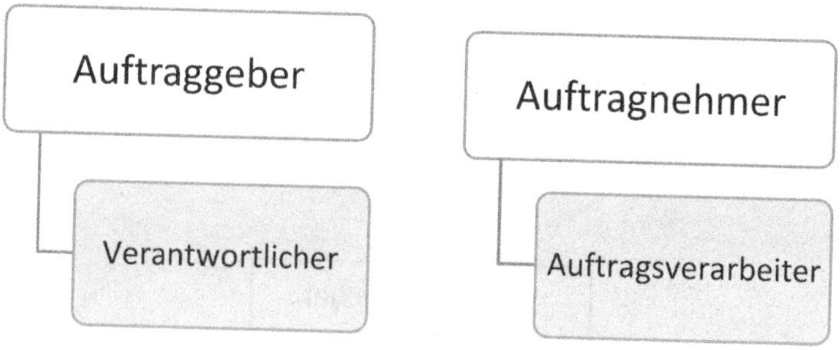

Abbildung 2: Rechtsverhältnis zwischen Verantwortlichen und Auftragsverarbeitern

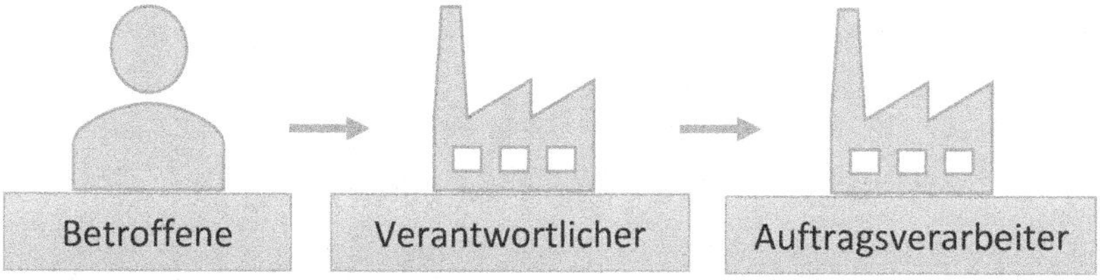

Abbildung 3: Datenübermittlung vom Verantwortlichen an den Auftragsverarbeiter.

Beispiele für Auftragsverarbeitungen Abbildung 3:

- Übermittlung von Druckdaten mit personenbezogenen Daten an einen Druckservice
- Übermittlung von Daten zu Sicherungszwecken an einen IT-Dienstleister
- Übermittlung von Daten in eine Cloud (Sicherungszwecke oder Nutzung von cloudbasierter Software)
- Nutzung von Newsletterdiensten
- Auslagerung der Systemadministration
- Einsatz von Internetportalen zur Übermittlung von Nachweisen

Abbildung 4: Datenübermittlung vom Auftragsverarbeiter an den Verantwortlichen.

Beispiele für Auftragsverarbeitung der Abb. 4:

- Nutzung von Analyse-Tools z.B. (Google-Analytics, Matomo)

- Nutzung von Videokonferenztools[2] (z.B. Zoom, Microsoft Teams, Jitsi Meet)

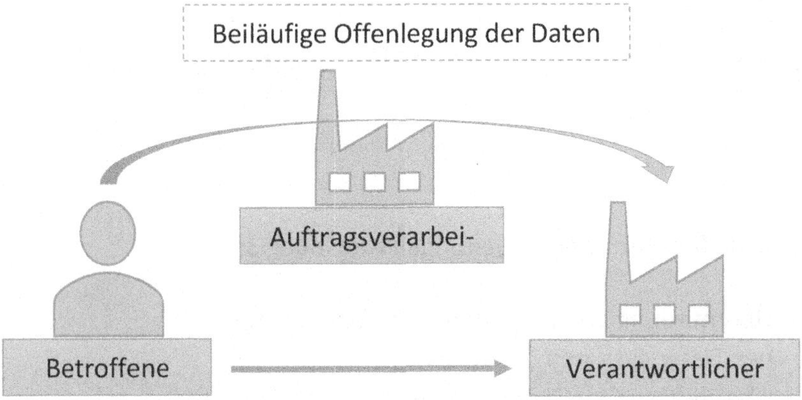

Abbildung 5: Beiläufige Offenlegung von Daten der Betroffenen gegenüber einem Dienstleister.

Beispiele für die Auftragsverarbeitung der Abb. 5:

- Betreiben einer Webseite
- Wartung der Hard- und Software durch Hersteller oder IT-Dienstleister

Berufsgeheimnisträger können kein Auftragsverarbeiter sein z.B.
- Steuerberater
- Wirtschaftsprüfer

Davon abzugrenzen sind Verarbeitungstätigkeiten, die durch Personen vorgenommen werden, die dem Berufsgeheimnis (Berufsgeheimnisträger) unterliegen. So stellt die Inanspruchnahme eines Steuerberaters für die Firmenbuchhaltung keine Auftragsverarbeitung dar.

[2] Ausnahme: Videokonferenzprogramme, die rein zur Kommunikation genutzt werden zählen zu den interpersonellen Kommunikationsdiensten nach TKG (ab 01.12.2021 in Kraft). Sobald eine Dokumententeilung oder Aufgabenverteilung stattfindet, wird der Anbieter unter Umständen als Auftragsverarbeiter gewertet.

Werden Daten an Dienstleister oder Unternehmen übermittelt, die kein Auftragsverarbeiter sind, wird umgangssprachlich von einer „Funktionsübertragung" gesprochen.

Beispiele für Funktionsübertragungen:

- Verarbeitungen von personenbezogenen Daten durch Berufsgeheimnisträger (Rechtsanwälte, Steuerberater, Wirtschaftsprüfer)
- Übertragung von Forderungen an Inkassounternehmen
- Post- und Logistikdienstleistungen
- Datenübermittlung an Kreditinstitute
- Gesetzlich verpflichtende Datenübermittlung (z.B. Krankenkassen)

Die Beurteilung, ob eine Geschäftsbeziehung zwischen zwei Organisationen eine Auftragsverarbeitung darstellt, ist nicht immer ganz einfach und muss im Zweifelsfall durch eine Aufsichtsbehörde oder ein Gericht entschieden werden. In der Anlage 1finden Sie eine Entscheidungshilfe.

2.3 Pflichten des Verantwortlichen

Möchte eine Organisation einen Dienstleister mit der Verarbeitung der Daten von Betroffenen beauftragten, dann verlangt die DSGVO eine gewisse Vorbereitung. Dazu müssen sowohl der Verantwortliche als auch der Datenschutzbeauftragte einige Vorarbeiten tätigen.

Prüfung der Schutzmaßnahmen

Artikel 28 Abs. 1 DSGVO

Erfolgt eine Verarbeitung im Auftrag eines Verantwortlichen, so arbeitet dieser nur mit Auftragsverarbeitern, die hinreichend Garantien dafür bieten, dass geeignete technische und organisatorische Maßnahmen so durchgeführt werden, dass die Verarbeitung im Einklang mit den Anforderungen dieser Verordnung erfolgt und den Schutz der Rechte der betroffenen Person gewährleistet.

Neben einer sorgfältigen Auswahl des Auftragsverarbeiters durch die verantwortliche Stelle empfiehlt es sich, eine sogenannte „Erstkontrolle" der vorliegenden Schutzmaßnahmen[3] durchzuführen, und zwar vor Beginn der eigentlichen Datenverarbeitung. Außerdem sind regelmäßige Nachkontrollen der Einhaltung technischer und organisatorischer Maßnahmen durchzuführen. Die Häufigkeit der Kontrollen richtet sich nach dem Schutzbedarf der zu verarbeitenden Daten. Als Kontrollmaßnahmen können gelten: Prüfungen vor Ort beim Auftragsverarbeiter, Einsichtnahme in Zertifizierungen, durchgeführte externe und interne Datenschutzaudits und anderes. Die Ergebnisse der Kontrollen sind schriftlich zu dokumentieren. Es liegt also auch im eigenen Interesse der Einrichtung, vor allem der Geschäftsführung, die potenziellen Geschäftspartner umfassend zu prüfen. Eine eventuelle Datenschutzverletzung auf der Seite des Auftragsverarbeiters hat zwangsläufig negative Auswirkungen auf den Verantwortlichen.

In der Praxis wird die Übersicht der technischen und organisatorischen Maßnahmen erst mit dem Vertrag zur Auftragsverarbeitung übermittelt. Die Bewertung der Schutzmaßnahmen sollte allerdings noch vor Abschluss des Vertrages durchgeführt werden.

Zur Prüfung der technischen und organisatorischen Maßnahmen ist es zunächst erforderlich, dass der potenzielle Auftragsverarbeiter dem Verantwortlichen eine Übersicht dieser Maßnahmen übermittelt. Der Datenschutzbeauftragte überprüft die Schutzmaßnahmen und gibt eine Einschätzung ab, ob diese Maßnahmen ausreichend sind. Anstatt der Prüfung der technischen

[3] Technischen und Organisatorischen Schutzmaßnahmen werden ausführlich im Basisbuch behandelt

Auftrag eines Verantwortlichen durchgeführten Tätigkeiten der Verarbeitung, das Folgendes enthält: ...

Im Basisbuch wurde erläutert, dass Verantwortliche (nicht Auftragsverarbeiter), gemäß Art. 30 Abs. 1 ein Verzeichnis der Verarbeitungstätigkeiten aufstellen und pflegen müssen.
Der Art. 30 Abs. 2 der DSGVO fordert zusätzlich, dass der Auftragsverarbeiter ein Verzeichnis der Verarbeitungen führt, die er für den Kunden übernimmt.
Damit hat ein Auftragsverarbeiter mindestens zwei verschiedene Verzeichnisse gemäß Art. 30 der DSGVO, nämlich sein eigenes Verzeichnis als Verantwortlicher (Art. 30 Abs. 1) und das Verzeichnis in der Rolle als Auftragsverarbeiter (Art. 30 Abs. 2) zu führen.

Der Auftragsverarbeiter kann Doppelarbeiten vermeiden, wenn er sich das Verzeichnis des Verantwortlichen geben lässt.

2.4.3 Schutz der ihm überlassenen Daten

Artikel 32 Abs. 1 Satz 1 DSGVO

Unter Berücksichtigung des Stands der Technik, der Implementierungskosten und der Art, des Umfangs, der Umstände und der Zwecke der Verarbeitung sowie der unterschiedlichen Eintrittswahrscheinlichkeit und Schwere des Risikos für die Rechte und Freiheiten natürlicher Personen treffen der Verantwortliche und der Auftragsverarbeiter geeignete technische und organisatorische Maßnahmen, um ein dem Risiko angemessenes Schutzniveau zu gewährleisten; diese Maßnahmen schließen gegebenenfalls unter anderem Folgendes ein: ...

Auch der Auftragsverarbeiter muss zahlreiche technische und organisatorische Schutzmaßnahmen umsetzen. Vor allem mit dem Abschluss des Vertrages zur Auftragsverarbeitung (Art. 28) verpflichtet er sich zur Einhaltung diverser Maßnahmen zum Schutz der ihm überlassenen Daten der Kunden.

Welche Aufgaben hat der Datenschutzbeauftragte?

- Beratung bei der Auswahl geeigneter Auftragsverarbeiter
- Prüfung der vorgelegten Schutzmaßnahmen
- ggf. regelmäßige Kontrollen der Auftragsverarbeiter (wenn durch den Verantwortlichen beauftragt)
- Überwachung der rechtmäßigen Verarbeitung der Daten
- Prüfung[4] der Verträge zur Auftragsverarbeitung

2.4.4 Meldung einer Datenpanne

Stellt der Auftragsverarbeiter eine Datenschutzverletzung an den ihm überlassenen Daten fest, hat er den Verantwortlichen unverzüglich zu informieren. Die Datenschutzverletzung muss dann durch den Verantwortlichen ggf. an die Aufsichtsbehörde gemeldet werden. In derartigen Fällen ist eine enge Zusammenarbeit zwischen dem Auftragsverarbeiter und dem Verantwortlichen erforderlich. Der Auftragsverarbeiter muss alle notwendigen Informationen zur Aufklärung der Datenschutzverletzung zur Verfügung stellen.

Artikel 33 Abs. 2 DSGVO

Wenn dem Auftragsverarbeiter eine Verletzung des Schutzes personenbezogener Daten bekannt wird, meldet er diese dem Verantwortlichen unverzüglich.

---

[4] Grundsätzlich kann nur eine Plausibilitätsprüfung und eine Prüfung auf Vollständigkeit durch den DSB vorgenommen werden. Eine rechtssichere Vertragsprüfung kann nur durch juristisches Fachpersonal (z.B. Anwalt) durchgeführt werden. In KMUs wird sich häufig auf das Beratungsurteil des DSB verlassen.

2.4.4 Zustimmung bei Unterauftragnehmern

Artikel 28 Abs. 2 DSGVO

Der Auftragsverarbeiter nimmt keinen weiteren Auftragsverarbeiter ohne vorherige gesonderte oder allgemeine schriftliche Genehmigung des Verantwortlichen in Anspruch. [2]Im Fall einer allgemeinen schriftlichen Genehmigung informiert der Auftragsverarbeiter den Verantwortlichen immer über jede beabsichtigte Änderung in Bezug auf die Hinzuziehung oder die Ersetzung anderer Auftragsverarbeiter, wodurch der Verantwortliche die Möglichkeit erhält, gegen derartige Änderungen Einspruch zu erheben.

Der Auftragsverarbeiter holt zunächst die Zustimmung der Verantwortlichen ein, wenn für die Auftragsverarbeitung weitere Unterauftragnehmer beauftragt werden. Die Unterauftragnehmer sind im Vertrag zur Auftragsverarbeitung aufzuführen. Ergeben sich Änderungen während der Laufzeit des Vertrages muss der Verantwortliche informiert und ggf. eine Genehmigung eingeholt werden.

Auftragsverarbeiter dürfen eigene Auftragsverarbeiter (Unterauftragsverarbeiter) nur nach vorheriger Genehmigung des ursprünglich Verantwortlichen in Anspruch nehmen. Dies gilt aber nur für die Prozesse, die die Daten des Auftrages betreffen.

2.5. Kontrollfragen zum Kapitel 2

1. Prüfen Sie welche der genannten Pflichten aus der DSGVO und dem BDSG einem Auftragsverarbeiter auferlegt werden.

Aussage	**Richtig**	**Falsch**
Ein Auftragsverarbeiter muss unter Umständen einen Datenschutzbeauftragten benennen.		
Ein Auftragsverarbeiter muss ein Verarbeitungsverzeichnis führen.		
Der Auftragsverarbeiter muss die Betroffenen über die Verarbeitung der Daten informieren.		
Im Falle einer Datenschutzverletzung an den überlassenen Daten, meldet der Auftragsverarbeiter innerhalb von 72 Stunden den Vorfall der Aufsichtsbehörde.		
Der Auftragsverarbeiter muss seine Beschäftigten zum Datengeheimnis verpflichten.		
Der Auftragsverarbeiter muss geeignete technische und organisatorische Maßnahmen ergreifen, um die ihm überlassenen Daten zu schützen.		
Der Auftragsverarbeiter muss als Auftragsverarbeiter zertifiziert sein.		

2. Eine verantwortliche Stelle (XYZ) möchte für die regelmäßige Aktenvernichtung einen externen Dienstleister beauftragen. Welche der folgenden Vorkehrungen sind in diesem Zusammenhang zu treffen?

   ☐ Es sind keine besonderen Vorkehrungen zu treffen, da es sich um die Vernichtung von Daten handelt.
   ☐ Der DSB prüft vor einer Zusammenarbeit, ob der Dienstleister geeignete Garantien zum Schutz der personenbezogenen Daten vorweisen kann.
   ☐ Es handelt sich um eine Auftragsverarbeitung gem. Art. 28 DSGVO.
   ☐ Die Beschäftigten müssen vor der Vernichtung gem. Art. 6 Abs. 1 a DSGVO zustimmen.
   ☐ Der Verantwortliche schließt vor der Zusammenarbeit einen Vertrag über die Auftragsverarbeitung.
   ☐ Der DSB muss der Zusammenarbeit zustimmen.

3. Fortsetzung der Aufgabe 2: Der Dienstleister für die Aktenvernichtung möchte bei Engpässen auf die Leistungen eines Partnerunternehmens zurückgreifen. Welche Aussagen über die Zusammenarbeit sind korrekt?

   ☐ Das Partnerunternehmen wird ein Unterauftragsverarbeiter der verantwortlichen Stelle (XYZ).
   ☐ Der Aktenvernichter wird zum Unterauftragsverarbeiter und das Partnerunternehmen wird zum Auftragsverarbeiter.
   ☐ Das Partnerunternehmen muss einen Vertrag zur Auftragsverarbeitung mit der verantwortlichen Stelle (XYZ) schließen.
   ☐ Das Partnerunternehmen muss einen Vertrag zur Auftragsverarbeitung mit dem Aktenvernichter schließen und die Zustimmung der verantwortlichen Stelle einholen.

4. Welche Inhalte muss der Vertrag zur Auftragsverarbeitung mindestens abdecken?

   - ☐ Eine Übersicht der Einwilligungen der Betroffenen.
   - ☐ Beschreibung der Bedingungen zur Inanspruchnahme von Unterauftragsverarbeitern.
   - ☐ Anschrift der zuständigen Aufsichtsbehörde.
   - ☐ Bedingungen über die Löschung oder Vernichtung der übermittelten Daten nach Abschluss der erbrachten Leistungen.
   - ☐ Bestätigung, dass alle Beschäftigten des Auftragsverarbeiters sich zur Vertraulichkeit verpflichtet haben.
   - ☐ Nachweis oder Übersicht, dass geeignete technische und organisatorische Maßnahmen den Schutz der personenbezogenen Daten gewährleisten.

3. Die gemeinsame Verantwortung

In diesem Kapitel lernen Sie...

- Die Abgrenzung der Auftragsverarbeitung von der gemeinsamen Verantwortung.

Die gemeinsame Verantwortung ist stark an die Auftragsverarbeitung angelehnt. Es gibt aber Verarbeitungsfälle, bei denen keine klassische Beziehung zwischen Auftraggeber und Auftragnehmer vorliegt. Vielmehr sind zwei Verantwortliche gemeinsam an der Verarbeitung beteiligt.

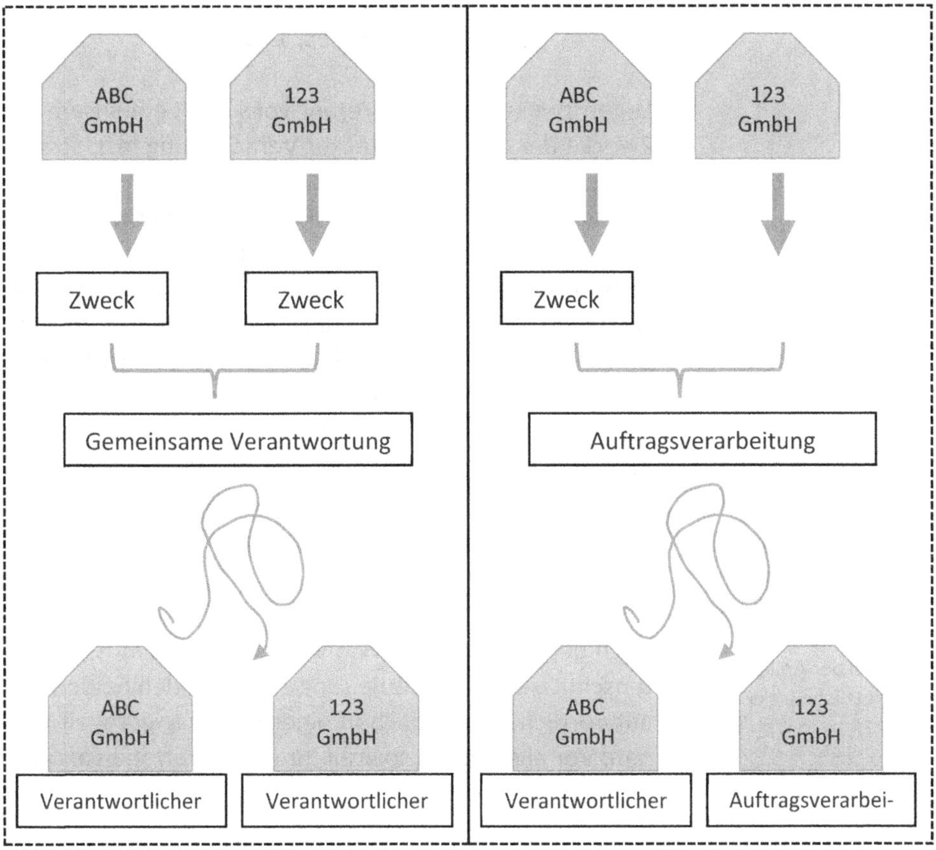

Abbildung 7: Gegenüberstellung: Gemeinsame Verantwortlichkeit - Auftragsverarbeitung

Die Beurteilung wird davon abhängig gemacht, wer die Zwecke der Verarbeitung festlegt.

So wurde in einem Gerichtsurteil [5] des EuGHs entschieden, dass die klassischen Fanpages auf Facebook eine gemeinsame Verantwortung gemäß Art. 26 DSGVO darstellen. Die gemeinsame Verantwortung ist auch für erfahrene Datenschutzbeauftragte ein noch sehr junges Thema. Für eine saubere Beurteilung, ob eine Verarbeitung als Auftragsverarbeitung oder gemeinsame Verarbeitung gewertet werden kann, fehlen noch Erfahrungen, Urteile und klare Handlungsempfehlungen für eine sauberer Beurteilung.

Artikel 26 Abs. 1 DSGVO

Legen zwei oder mehr Verantwortliche gemeinsam die Zwecke der und die Mittel zur Verarbeitung fest, so sind sie gemeinsam Verantwortliche. [2]Sie legen in einer Vereinbarung in transparenter Form fest, wer von ihnen welche Verpflichtung gemäß dieser Verordnung erfüllt, insbesondere was die Wahrnehmung der Rechte der betroffenen Person angeht, und wer welchen Informationspflichten gemäß den Artikeln 13 und 14 nachkommt, sofern und soweit die jeweiligen Aufgaben der Verantwortlichen nicht durch Rechtsvorschriften der Union oder der Mitgliedstaaten, denen die Verantwortlichen unterliegen, festgelegt sind. [3]In der Vereinbarung kann eine Anlaufstelle für die betroffenen Personen angegeben werden.

Es ist ebenfalls ein Vertrag erforderlich.

Mustervertrag finden Sie in der Anlage 6 „Nützliche Links“.

Auch bei der gemeinsamen Verantwortung muss die datenschutzrechtliche Beziehung zwischen den beiden Verantwortlichen zusätzlich in einem Vertrag geregelt werden. Vor allem muss sowohl für die Betroffenen als auch für die Verantwortlichen festgelegt werden, welche

[5] Urteil vom 05.06.2018 (Az. C-210/16)

Partei die Informationspflichten oder die übrigen Betroffenenrechte umsetzt. An dieser Stelle ist nicht vorgesehen, dass beide Verantwortliche die sogenannten Datenschutzhinweise zur Verfügung stellen müssen, sondern nur einer. Derartige Entscheidungen sind dann schriftlich in einem Vertrag festzuhalten. Der Vertrag ist ebenfalls frei gestaltbar. Etwaige Vertragsinhalte sind gemäß DSGVO nicht vorgegeben. Allerdings haben einige Aufsichtsbehörde auch in diesen Fällen bereits Vorlagen ausgearbeitet und den Organisationen zur Verfügung gestellt. Zu Beginn ist es wichtig zu verstehen, dass jedes Gesetz einen Anwendungsbereich hat. In den ersten Artikeln oder Paragrafen eines Gesetzes wird immer erklärt für wen oder was dieses Gesetz gilt und für wen oder was nicht.

3.1 Kontrollfragen zum Kapitel 3

1. Welche Aussagen über die gemeinsame Verantwortung gem. Art. 26 sind korrekt?

- ☐ Jede Zusammenarbeit muss zunächst der Aufsichtsbehörde angezeigt werden.
- ☐ Der DSB prüft vor einer Zusammenarbeit, ob der Dienstleister geeignete Garantien zum Schutz der personenbezogenen Daten vorweisen kann.
- ☐ Es ist ein Vertrag über die Zusammenarbeit zu schließen aus denen die unterschiedlichen Verantwortlichkeiten hervorgehen.
- ☐ Der Auftragsverarbeiter verarbeitet im Auftrag des Verantwortlichen personenbezogene Daten.
- ☐ Eine betroffene Person kann bei jedem Verantwortlichen ihre Rechte z.B. Auskunftsrecht einfordern.

4. Datenschutz-Folgenabschätzungen

In diesem Kapitel lernen Sie...

- Was eine Datenschutz-Folgenabschätzung ist.
- Die systematische Prüfung von Verarbeitungstätigkeiten auf die Notwendigkeit einer Datenschutz-Folgenabschätzung.
- Was die Durchführung einer Risikobewertung.
- Die Inhalte einer Datenschutz-Folgenabschätzung.

Eine der komplexesten Aufgaben im Datenschutz ist die Durchführung und Dokumentation einer Datenschutz-Folgenabschätzung (DSFA). Die Durchführung obliegt allein dem Verantwortlichen des Unternehmens. Der Datenschutzbeauftragte berät den Verantwortlichen bei der Durchführung und bewertet das Ergebnis. Je nach Ausgang der Einschätzung ist unter Umständen die Kommunikation mit der Aufsichtsbehörde nötig. Aufgrund der Komplexität beauftragen viele Organisationen einen Berater mit der Durchführung einer DSFA.

Es gibt ein paar Verarbeitungstätigkeiten, die aufgrund der Art der Daten, der Anzahl der Daten oder der verwendeten Technik ein besonderes Risiko für die Betroffenen darstellen. Für diese besonders riskanten Verarbeitungstätigkeiten muss der Verantwortliche vorab eine Risikoabschätzung durchführen und kontrollieren lassen. Fachlich wird dieser Vorgang „Datenschutz-Folgenabschätzung" genannt. Es handelt sich dabei um eine systematische Analyse möglicher Risiken für die betroffenen Personen und eine Beschreibung der ergriffenen Schutzmaßnahmen zur Eindämmung der erkannten Risiken. Diese Analyse muss bestimmte Inhalte bearbeiten und die Ergebnisse werden dann umfangreich dokumentiert. In diesem Kapitel lernen Sie die Kriterien

Vor der Einführung einer neuen Verarbeitung, sollte der DSB immer prüfen, ob die Durchführung einer Datenschutzfolgenabschätzung für diese Art der Verarbeitung notwendig ist.

kennen, die eine Datenschutz-Folgenabschätzung erforderlich machen und wie diese durchgeführt wird.

Art. 35 Abs. 1 DSGVO

Hat eine Form der Verarbeitung, insbesondere bei Verwendung neuer Technologien, aufgrund der Art, des Umfangs, der Umstände und der Zwecke der Verarbeitung voraussichtlich ein hohes Risiko für die Rechte und Freiheiten natürlicher Personen zur Folge, so führt der Verantwortliche vorab eine Abschätzung der Folgen der vorgesehenen Verarbeitungsvorgänge für den Schutz personenbezogener Daten durch. [2]Für die Untersuchung mehrerer ähnlicher Verarbeitungsvorgänge mit ähnlich hohen Risiken kann eine einzige Abschätzung vorgenommen werden.

4.1. Kriterien der Datenschutz-Folgenabschätzung

Aus Artikel 35 Abs. 3 ergeben sich drei grobe Kriterien, wann eine Datenschutz-Folgenabschätzung (DSFA) erfolgen muss:

1. Wenn systematisch und umfassend persönliche Aspekte bewertet werden, die automatisiert erhoben wurden. Hier sind das typische Profiling und Tracking gemeint.

2. Wenn umfangreich besondere personenbezogene Daten oder strafrechtliche Daten verarbeitet werden.

3. Wenn öffentlich zugängliche Bereiche systematisch und umfangreich überwacht werden.

umfangreich	Eine umfangreiche Verarbeitung ist abhängig von der - Menge der Daten, - Größe der Region, in der das Unternehmen die Daten erhebt, - Anzahl der Betroffenen und
regelmäßig	Diese Art der Geschäftstätigkeit muss gleichmäßig wiederkehrend sein.
systematisch	Planmäßige und konsequente Verarbeitung.
Überwachung	z.B. durch Videoüberwachung, Tracking usw.

Was bedeutet Profiling?

Artikel 4 Nr. 4 DSGVO

„Profiling" ist jede Art der automatisierten Verarbeitung personenbezogener Daten, die darin besteht, dass diese personenbezogenen Daten verwendet werden, um bestimmte persönliche Aspekte, die sich auf eine natürliche Person beziehen, zu bewerten, insbesondere um Aspekte bezüglich Arbeitsleistung, wirtschaftliche Lage, Gesundheit, persönliche Vorlieben, Interessen, Zuverlässigkeit, Verhalten, Aufenthaltsort oder Ortswechsel dieser natürlichen Person zu analysieren oder vorherzusagen.

Typische Verarbeitungen im Profiling sind Datenanalysen durch die Nutzung von Treuekarten (z.B. Deutschlandkarte, Payback), Auswertung von Bewerbungsvideos anhand persönlicher Merkmale mittels einer Software oder automatisierte Bonitätsbewertungen.

Mittels der groben Kriterien aus Art. 35 Abs. 3 wird zunächst in einer „Schwellwertanalyse" festgestellt, ob eine DFSA notwendig sein kann. Wenn das Ergebnis der „Schwellwertanalyse" positiv ist, muss noch einmal genauer geprüft werden, ob die geplante Verarbeitungstätigkeit tatsächlich eine DSFA erfordert. Dazu vergleicht man die geplante Verarbeitungstätigkeit mit den Kriterien oder den beschriebenen Verarbeitungen der Aufsichtsbehörde (Positivliste).

Einen zusammenfassenden Überblick über die einzelnen Prüfschritte der DSFA finden Sie in der Anlage 2.

Zur Beurteilung der Erforderlichkeit einer DSFA muss die Positivlisten der Aufsichtsbehörde herangezogen werden.

Artikel 35 Abs. 4 DSGVO

Die Aufsichtsbehörde erstellt eine Liste der Verarbeitungsvorgänge, für die gemäß Absatz 1 eine Datenschutz-Folgenabschätzung durchzuführen ist, und veröffentlicht diese. [2]Die Aufsichtsbehörde übermittelt diese Listen dem in Artikel 68 genannten Ausschuss.

Die groben Kriterien aus Art. 35 Abs. 3 wurden von den einzelnen Aufsichtsbehörden konkretisiert und in sogenannten „Positivlisten" veröffentlicht (Art. 35 Abs. 4). Da in Deutschland mehrere Aufsichtsbehörden tätig sind, gibt es auch mehrere Listen. Der Verantwortliche muss zunächst die für ihn geltende Liste prüfen, ob die geplante Verarbeitung darin enthalten ist. Diese Listen sind ebenfalls nicht abschließend und beinhalten einen gewissen Beurteilungsspielraum. Bei der Beurteilung unterstützt der Datenschutzbeauftragte, der zudem die Durchführung der DSFA überwacht (vgl. Art. 39 Abs. 1 lit. c). Bei Unsicherheiten kann auch jederzeit eine Entscheidung bei der Aufsichtsbehörde eingeholt werden.

Liste der Verarbeitungstätigkeiten, für die eine DSFA durchzuführen ist

Nr.	Maßgebliche Beschreibung der Verarbeitungstätigkeit	Typische Einsatzfelder	Beispiele
6	Mobile optisch-elektronische Erfassung personenbezogener Daten in öffentlichen Bereichen, sofern die Daten aus ein oder mehreren Erfassungssystemen in großem Umfang zentral zusammengeführt werden.	Fahrzeugdatenverarbeitung – Umgebungssensoren	Ein Unternehmen erhebt personenbezogene Daten, die Fahrzeuge über ihre Umgebung generieren und ermittelt daraus beispielsweise freie Parkplätze oder verbessert Algorithmen zum automatisierten Fahren.
7	Umfangreiche Erhebung und Veröffentlichung oder Übermittlung von personenbezogenen Daten, die zur Bewertung des Verhaltens und anderer persönlicher Aspekte von Personen dienen und von Dritten dazu genutzt werden können, Entscheidungen zu treffen, die Rechtswirkung gegenüber den bewerteten Personen entfalten, oder diese in ähnlich erheblicher Weise beeinträchtigen	Betrieb von Bewertungsportalen	Ein Online-Portal bietet Nutzern die Möglichkeit an, Leistungen von Selbstständigen öffentlich feingranular zu bewerten. Online-Bewertungsportal bspw. für Ärzte, Selbstständige oder Lehrer.
		Inkassodienstleistungen – Forderungsmanagement	Ein Unternehmen verarbeitet für seine Kunden in großem Umfang personen-

Abbildung 8: Auszug aus der Positivliste des Berliner Beauftragten für den Datenschutz für nicht-öffentliche Stellen

Für jede Verarbeitungstätigkeit öffentlicher Stellen des Bundes im Zuständigkeitsbereich des BfDI, für die mindestens zwei der folgenden Merkmale zutreffen, ist eine Datenschutz-Folgenabschätzung gemäß Artikel 35 Absatz 1 DSGVO erforderlich:

1. Die Verarbeitung umfasst eine Bewertung oder Einstufung der Betroffenen, darunter das Erstellen von Profilen und Prognosen, insbesondere auf der Grundlage von Aspekten, die die Arbeitsleistung, wirtschaftliche Lage, Gesundheit, persönliche Vorlieben oder Interessen, die Zuverlässigkeit oder das Verhalten, den Aufenthaltsort oder Ortswechsel der Person betreffen.

2. Die Verarbeitung umfasst eine automatisierte Entscheidungsfindung mit einer Wirkung, die zwar nicht alleine die Grundlage für Entscheidungen mit Rechtswirkung oder ähnlichen bedeutsamen Auswirkungen für die Betroffenen darstellen, aber einen wesentlichen Beitrag zu solchen Entscheidungen liefern.

3. Die Verarbeitung hat die Beobachtung, Überwachung oder Kontrolle von Betroffenen zum Ziel und greift auf beispielsweise über Netzwerke erfasste Daten oder auf eine systematische Überwachung auch nicht öffentlich zugänglicher Bereiche (Artikel 35 Absatz 3 Buchstabe c DSGVO) zurück.

4. Bei der Verarbeitung werden vertrauliche oder höchst persönliche Informationen

Abbildung 9: Auszug aus der Positivliste des Bundesdatenschutzbeauftragten für öffentliche Stellen

Beispiele für Verarbeitungstätigkeiten bei denen eine DSFA notwendig ist:

Muss der Verantwortliche auch nur eine DSFA durchführen, entsteht dadurch die Pflicht zur Benennung eines Datenschutzbeauftragten (§ 38 BDSG).

- Flächendeckender Einsatz von Zutrittskontrollsystemen per biometrischen Fingerabdruck.
- Führen von Verzeichnissen über Privatinsolvenzen als Geschäftsmodell.
- Umfangreiche Bewerbungsgespräche mittels Videokonferenzsystem.
- GPS-Tracking von Außendienstmitarbeitern.
- Auswertung von Stimmungslagen bei Telefongesprächen.
- Einsatz von Telemedizinlösungen.

Die Positivlisten finden Sie auf den Webseiten der einzelnen Aufsichtsbehörden.

Steht fest, dass eine DSFA notwendig ist, dann muss der Verantwortliche auch einen Datenschutzbeauftragten [6] benennen. Der Datenschutzbeauftragte muss in diesem Zusammenhang die Durchführung der DSFA überwachen und den Verantwortlichen beraten.

4.2 Inhalte der Datenschutz-Folgenabschätzung

Die Inhalte und die grobe Gliederung einer DSFA ist in Art. 35 Abs. 7 der DSGVO beschrieben.

1. Eine systematische Beschreibung der geplanten Verarbeitung, sowie der Zweck und die verfolgten Interessen der Organisation.

2. Eine Bewertung der Verhältnismäßigkeit.

3. Eine Beschreibung und Bewertung verschiedener möglicher Risiken (Worst-Case-Szenarien) für die betroffenen Personen.

4. Eine Beschreibung möglicher Abhilfemaßnahmen zur Reduzierung der beschriebenen Risiken aus Nr. 3.

   Ein Muster bzw. Planspiel für eine ausführliche Datenschutz-Folgenabschätzung finden Sie in der Link-Übersicht der Anlage 6

In der Praxis gibt es tatsächlich wenige Verarbeitungstätigkeiten, die eine DSFA nach sich ziehen. Eine Anfertigung der geforderten Dokumente stellt demnach eine Ausnahme dar. Der Aufwand der Erstellung und die fachlichen Anforderungen sind immens hoch. Das führt dazu,

---

[6] Siehe § 38 Abs. 1 Satz 2 BDSG und Basisbuch Kapitel 5.1

dass notwendige DSFA meistens einem Beratungsunternehmen überlassen werden. Aufgrund des Aufwandes hat der Gesetzgeber zudem eine Erleichterung erlassen. Gibt es bereits eine ähnliche DSFA können Organisationen diese DSFA für eigene Zwecke nutzen (Art. 25 Abs. 1 Satz 2 und EG 92).

4.3 Die Risikobewertung

Für die systematische Durchführung und Dokumentation von DSFA steht ein kostenfreies Tool zur Verfügung. Download und weiter Muster unter:

www.datenschutz-bayern.de/dsfa/

Die verschiedenen möglichen Risiken im DSFA-Bericht müssen entsprechend bewertet werden. Hier hat man sich der Bewertungsstrategie aus dem Risikomanagement bedient. Jedes Risiko wird zunächst nach dem Schweregrad des Schadens und nach der Eintrittswahrscheinlichkeit bewertet.

<u>Bewertungsskala:</u>

Gering
Überschaubar
Gravierend
Groß

Je nach persönlicher Einschätzung des Erstellers des Berichtes erhält das bewertete Risiko ein Gesamtergebnis -geringes Risiko, Risiko oder hohes Risiko-.

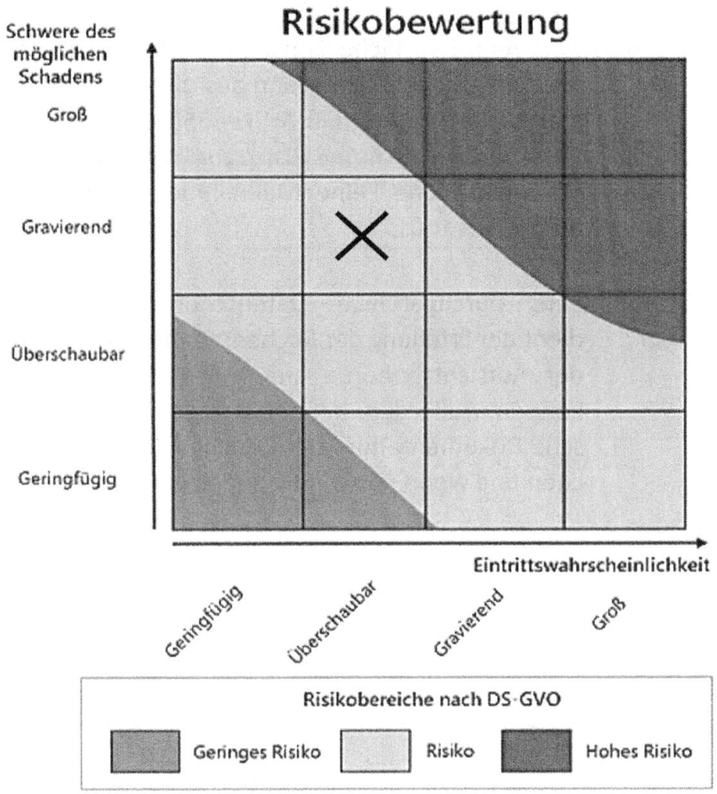

Abbildung 10: Schema der standardisierten Risikobewertung aus dem Risikomanagement

(Quelle: www.lda.bayern.de/de/thema_dsfa.html) vom 19.03.2021

Nachdem jedes Risiko einzeln bewertet wurde, wird ein Gesamtergebnis ermittelt. Das geschieht allerdings nicht durch die Berechnung eines Mittelwertes, sondern das höchst bewertete Risiko ist ausschlaggebend für das Gesamtergebnis. Liegt dieses Ergebnis im Bereich des hohen Risikos (rot), muss die Aufsichtsbehörde über die geplante Verarbeitung entscheiden.

Art. 36 Abs. 1 DSGVO

Der Verantwortliche konsultiert vor der Verarbeitung die Aufsichtsbehörde, wenn aus einer Datenschutz-Folgenabschätzung gemäß Artikel 35 hervorgeht, dass die Verarbeitung ein hohes Risiko zur Folge hätte, sofern der Verantwortliche keine Maßnahmen zur Eindämmung des Risikos trifft.

Eine durchgeführte Datenschutz-Folgenabschätzung dient der Erfüllung der Rechenschaftspflichten und muss der Aufsichtsbehörde auf Anfrage vorgelegt werden können. Außerdem handelt es sich nicht um eine statische Dokumentation. Der Bericht sollte jährlich abgeglichen und wenn notwendig angepasst werden.

4.4 Kontrollfragen zu Kapitel 4

1. Was ist eine Folgenabschätzung nach DSGVO?

- ☐ Eine Abwägung der Interessen des Betroffenen und des Verantwortlichen.
- ☐ Ein Verfahren zur Ermittlung und Beobachtung des Verhaltens von Nutzern im Internet.
- ☐ Ein Verzeichnis von Verarbeitungstätigkeiten des Verantwortlichen und eine Beschreibung organisatorischer und technischer Maßnahmen.
- ☐ Eine systemische Beschreibung von Verarbeitungsvorgängen unter Nennung von Risiken für die Rechte von Betroffenen und deren Bewältigung.

2. Was ist im Zusammenhang mit einer Datenschutz-Folgenabschätzung nach DSGVO zu beachten?

- ☐ Die Betroffenen müssen über die Durchführung einer Datenschutz-Folgenabschätzung informiert werden.
- ☐ Wenn vorhanden ist der Datenschutzbeauftragte hinzuzuziehen.
- ☐ Die Verantwortung für die Durchführung und das Ergebnis der Datenschutz-Folgenabschätzung hat der Datenschutzbeauftragte.
- ☐ Im Fall eines ermittelten hohen Risikos für die Betroffenen ist die Aufsichtsbehörde zu konsultieren.

3. Was ist bei der Einführung eines neuen E-Mail-Systems datenschutzrechtlich zu beachten?

- ☐ Es muss im Vorfeld eine Datenschutz-Folgenabschätzung nach Art. 35 erfolgen.
- ☐ Alle betroffenen Personen müssen im Vorfeld ihre Einwilligung erteilt haben.
- ☐ Das Verfahren muss im Verzeichnis der Verarbeitungstätigkeiten festgehalten werden.
- ☐ Personenbezogene Daten sollten möglichst mit verschlüsselten Mails verschickt werden.
- ☐ Es müssen die technischen und organisatorischen Maßnahmen definiert und eingehalten werden.

5. Datenübermittlungen

In diesem Kapitel lernen Sie...

- Was ein Drittland ist.
- Welche Erlaubnistatbestände eine sicher Datenübermittlung in ein Drittland gewährleisten.
- Was das EU-US Privacy-Shield ist/war.

In diesem Kapitel lernen Sie die vielen Sonderfälle der Datenübermittlung außerhalb der europäischen Union kennen. Jede Verarbeitung innerhalb der EU ist durch die DSGVO geschützt. Eine besondere Erlaubnis für eine Datenübermittlung zwischen den Ländern innerhalb der EU ist nicht erforderlich (Rechtsgrundlagen beachten). Allerdings kennen personenbezogene Daten keine Grenzen und verlassen besonders im internationalen Umfeld häufig die EU. Die Daten der Betroffenen sind in solchen Fällen weniger geschützt. Deshalb muss zuvor die Rechtmäßigkeit der Übermittlung geprüft werden. In diesem Zusammenhang berät der Datenschutzbeauftragte die Verantwortlichen oder auch Mitarbeiter und prüft bestehende Übermittlungen auf deren Zulässigkeit.

Einfache Datenübermittlung (ohne Drittlandtransfer)

Eine Datenübermittlung stellt nach Art. 4 Nr. 2 immer auch eine Verarbeitung dar. Das bedeutet, dass auch für die reine Übermittlung der Daten alle Grundsätze nach Art. 5 eingehalten werden müssen wie z.B. die Rechtmäßigkeit. Bevor Daten übermittelt werden (die eigene Organisation verlassen), muss zunächst die Rechtmäßigkeit der Übermittlung geprüft werden.

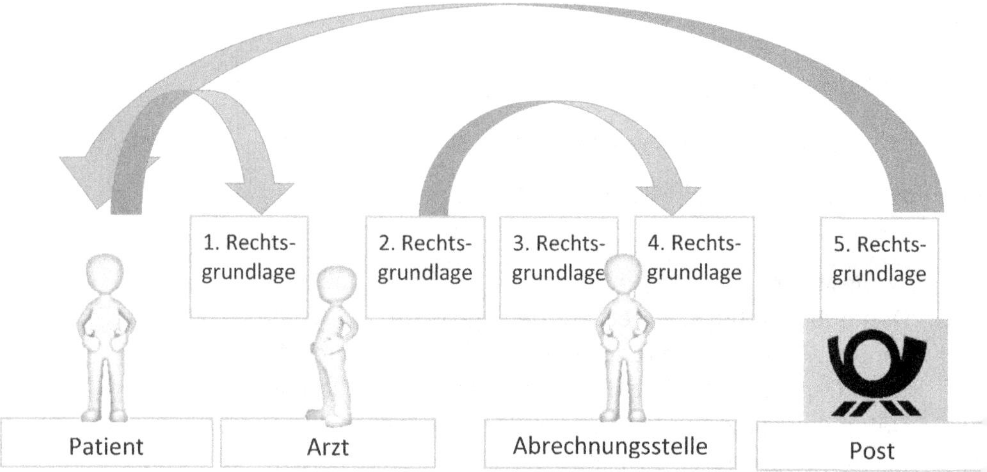

Abbildung 11: Beispiel einer einfachen Datenübermittlung (ohne Drittlandtransfer)

<u>Beispiel der Abb. 11</u>

Der Arzt verarbeitet die Daten des Patienten nach Art. 9 Abs. 2 lit. h DSGVO. Da es sich um einen Privatpatienten handelt werden die Abrechnungsdaten einer externen Abrechnungsstelle übermittelt (=Auftragsverarbeitung). Für die Übermittlung an die Abrechnungsstelle nutzt der Arzt die Einwilligung nach Art. 9 Abs. 2 lit. a. Die Abrechnungsstelle verarbeitet die Daten im Auftrag auf der Rechtsgrundlage des Art. 28 DSGVO. Damit der Patient anschließend auch seine Rechnung erhält übermittelt die Abrechnungsstelle die Daten an die Post auf Basis Art. 6 Abs. 1 lit. f DSGVO.

Datenübermittlung in ein Drittland

Sobald personenbezogene Daten allerdings die Grenzen der Europäischen Union überschreiten, ist der Schutz dieser Daten nicht mehr durch die DSGVO gewährleistet. Also muss der Übermittler der personenbezogenen Daten Sorge dafür tragen, dass der Empfänger der Daten ausreichende Garantien für dessen Schutz bietet. Für die Übermittlung muss eine entsprechende Rechtsgrundlage vorliegen, die in der DSGVO ab Art. 44 zu finden sind.

Bevor dieses Lehrbuch auf die Bestimmungen der DSGVO eingeht, zunächst ein historischer Überblick über die Entwicklung entsprechender datenschutzrechtlicher Abkommen, insbesondere hinsichtlich des Datenaustausches mit den USA.

Länder außerhalb der EU nennt die DSGVO ein „Drittland".

5.1 Safe Harbor und EU-US Privacy-Shield

Noch vor dem Inkrafttreten der DSGVO wurden Daten sorglos in der gesamten Welt erfasst, weitergeleitet und gespeichert. Grundsätzlich hatte das BDSG (alt) eine Datenübermittlung über die Grenzen von Deutschland untersagt. War eine Datenübermittlung darüber hinaus notwendig, musste sich die übermittelnde Stelle von einem angemessenen Datenschutzniveau der Empfängerstelle überzeugen. Dazu dienten beispielweise besondere Vertragsklauseln oder verbindliche Unternehmensregeln, die den sicheren Umgang mit Daten beschrieben. Eine der internationalen und standardisierten Vertragsklausel war das Safe Harbor Abkommen. Diese Vertragsklauseln wurden von dem US-Handelsministerium ausgehandelt. In den USA ansässige Unternehmen konnten sich per Unterschrift zu den standardisierten Datenschutzregeln des Safe Harbor selbstverpflichten. Eine Zertifizierung oder Prüfung der Unternehmen war nicht erforderlich. Die Europäische Kommission hatte den Safe Harbor

Beschluss im Jahr 2000 für die EU anerkannt. Damit konnten deutsche Unternehmen rechtlich „bedenkenlos“ personenbezogene Daten an Unternehmen in den USA übermitteln. 2015 hat ein österreichischer, junger Jurist sich der Thematik der Datenübermittlung in den USA angenommen. Als regelmäßiger Facebook-Nutzer war er von der Datenübermittlung direkt betroffen. Er beschwerte sich bei einer irischen Aufsichtsbehörde und klagte bis zum höchsten irischen Gericht, bis seiner Beschwere stattgegeben wurde. Die Begründung des österreichischen Juristen war, dass die Vereinigten Staaten über kein ausreichendes Schutzniveau verfügen, wie im Safe Harbor Abkommen versprochen war. Die geglückte Klage vor dem irischen Gericht führte zu einer Aufhebung des Beschlusses durch den Generalanwalt der Europäischen Kommission im Jahr 2015 (Schrems I Urteil).

2016 hatte die Europäische Kommission das ausgehandelte Nachfolgeabkommen „EU-US Privacy Shield“ angenommen. Identisch dem Safe Harbor Beschluss konnten amerikanische Unternehmen sich zu dargelegten Datenschutzregelungen selbstverpflichten. Schnell kam wieder Kritik an der „Kopie“ des Safe Harbor Abkommens auf. Der Jurist Maximilian Schrems mobilisierte Vereinigungen, Verbände und Organisationen, die das neuen EU-US Privacy Shield ablehnten und an deren Glaubwürdigkeit zweifelten. Spätestens durch den Whistleblower Edward Snowden ist bekannt, wie amerikanische Unternehme und Behörden mit personenbezogenen Daten umgehen und dass die nationale Gesetzgebung einen akzeptablen Datenschutz wie in der EU nie gewährleisten könnte. Der sogenannte nationale USA Patriot Act widerspricht den Anforderungen des europäischen Datenschutzes. Bereits ein paar Monate nach der Veröffentlichung des neuen Beschlusses zur Gültigkeit des EU-US Privacy

Shields reichte eine irische Organisation für digitale Rechte eine Nichtigkeitsklage beim Europäischen Gerichtshof ein. Am 16.06.2022 wurde in einem Urteil das Privacy Shield für ungültig erklärt (Schrems II Urteil).

Am 25.03.2022 haben sich EU-Kommissionspräsidentin Ursula von der Leyen und US-Präsident Joe Biden zu einem möglichen Nachfolger das EU-US Privacy Shield geäußert.

Die Beurteilung ob ein entsprechendes Datenschutzniveau vorlag war nicht einfach durchzuführen.

5.2 DSGVO

Alle Regelungen zur „Übermittlung personenbezogener Daten an Drittländer oder an internationale Organisationen“ sind im Kapitel 5 - in den Artikeln 44 bis 50 der DSGVO zu finden. Eine geplante Datenübermittlung an ein Unternehmen oder eine Einrichtung, welches in einem Drittland ansässig ist, erfordert eine eigene (zusätzliche) Erlaubnis, unabhängig von der grundsätzlichen Erlaubnis zur Datenverarbeitung aus den Artikeln 6, 9 oder 88 der DSGVO.

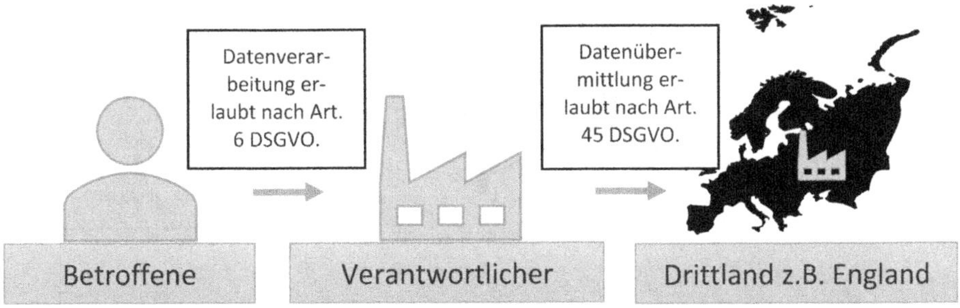

Abbildung 12: Beispiele der Rechtsgrundlagen für eine Datenerhebung und eine Datenübermittlung in ein Drittland.

Als Erlaubnistatbestände, die eine Übermittlung in Drittländern erlauben, sind:

<u>Keine</u> Datenübermittlung ohne gesonderte Erlaubnis.

- Angemessenheitsbeschlüsse nach Art. 45 DSGVO,
- geeignete Garantien nach Art. 46 DSGVO sowie
- Ausnahmen für Sonderfälle nach Art. 49 DSGVO zu nennen, die im Folgenden näher betrachtet werden.

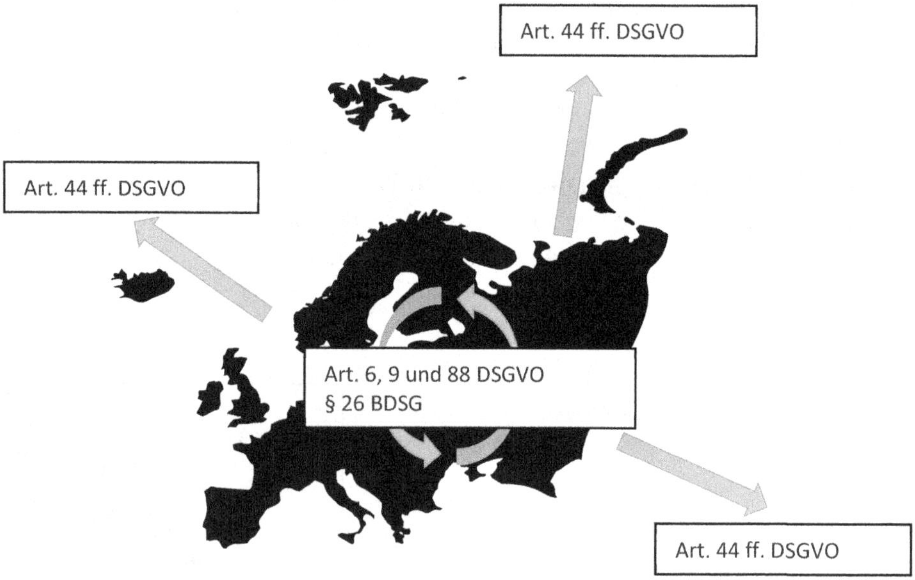

Abbildung 13: Rechtsgrundlagen einer Datenübermittlung

Vor einer geplanten Datenübermittlung muss der Verantwortliche zunächst immer die Rechtmäßigkeit der Übermittlung sicherstellen. Dazu berät ihn auch der Datenschutzbeauftragte.

5.2.1 Angemessenheitsbeschlüsse

Art. 45 Abs. 1 DSGVO

Eine Übermittlung personenbezogener Daten an ein Drittland oder eine internationale Organisation darf vorgenommen werden, wenn die Kommission beschlossen hat, dass das betreffende Drittland, ein Gebiet oder ein oder mehrere spezifische Sektoren in diesem Drittland oder die betreffende internationale Organisation ein angemessenes Schutzniveau bietet. 2Eine solche Datenübermittlungen bedarf keiner besonderen Genehmigung.

Die Europäische Union nimmt grundsätzlich an, dass Länder außerhalb der EU über kein der DSGVO angemessenes Datenschutzniveau verfügen. Eine Übermittlung personenbezogener Daten in Drittländer ist jedoch nur bei Gewährleistung eines angemessenen Datenschutzniveaus im Empfangsstaat erlaubt. Die Europäische Kommission legt mittels eines formellen Angemessenheitsbeschlusses fest, dass ein bestimmtes Land oder ein Gebiet außerhalb der EU ein hohes und demnach der DSGVO nach angemessenes Datenschutzniveau gewährleistet.

Länder mit einem Angemessenheitsbeschluss:

- Andorra
- Argentinien
- Kanada
- Schweiz

- Japan
- Israel
- Großbritannien (seit 28.06.2021)
- ...

Eine komplette Übersicht der Länder mit einem Angemessenheitsbeschluss finden Sie auf der Webseite der Europäischen Kommission (siehe Literaturverzeichnis).

Bis Juli 2020 gab es zusätzlich für einige zertifizierte Unternehmen in den USA einen Angemessenheitsbeschluss in Form des „EU-US Privacy Shield".
Durch das „Schrems II"-Urteil vor dem Europäischen Gerichtshof (EuGH) wurde die Datenübermittlung zu diesen amerikanischen Unternehmen für unzulässig erklärt. Um eine Geschäftsbeziehung weiter aufrecht zu erhalten, wird für den Datenverkehr eine alternative Rechtsgrundlage notwendig z.B. sogenannte Standardvertragsklauseln oder Einwilligungen.

Bei einem Angemessenheitsbeschluss hat die Europäische Kommission geprüft, ob die nationalen Gesetze des Empfängerlandes ein ähnliches Schutzniveau im Datenschutz bieten, wie die DSGVO. Deshalb kann von einer sicheren Verarbeitung der Daten auch im Empfängerland ausgegangen werden.

5.2.2 Geeignete Garantien

Art. 46 Abs. 1 DSGVO

Falls kein Beschluss nach Artikel 45 Absatz 3 vorliegt, darf ein Verantwortlicher oder ein Auftragsverarbeiter personenbezogene Daten an ein Drittland oder eine internationale Organisation nur übermitteln, sofern der Verantwortliche oder der Auftragsverarbeiter geeignete Garantien vorgesehen hat und sofern den betroffenen Personen durchsetzbare Rechte und wirksame Rechtsbehelfe zur Verfügung stehen.

Unter die geeigneten Garantien fallen somit insbesondere auch von den Aufsichtsbehörden gebilligte und Unternehmens-gruppen weit geltende „**Binding Corporate Rules**" (BCR), die „**EU-**

Standardvertragsklauseln", genehmigte Verhaltensregeln wie „Code of Conduct" (CoC), erteilte Zertifikate oder als Grundlage eine vertraglich gefasste, freiwillige **Einwilligung** der Betroffenen.

Binding Corporate Rules sind einheitliche, verbindliche interne Datenschutzvorschriften deren Inhalte in Art. 47 vorgegeben sind. Um eine Rechtswirkung als Rechtsgrundlage für die Datenübermittlung an Drittländer zu entwickeln, müssen diese Regelungen von der Aufsichtsbehörde genehmigt werden. Einige Unternehmensgruppen vereinbaren, unabhängig von der Aufsichtsbehörde, einheitliche Verhaltensregeln innerhalb der Gruppe zu Dokumentations- und Rechenschaftszwecken.

Die angeführten „Binding Corporate Rules" rechtfertigen zwar grenzüberschreitende Datenübermittlungen innerhalb eines Konzerns, eignen sich jedoch nicht hinsichtlich einer erlaubten Datenübermittlung außerhalb einer Unternehmensgruppe. Sinnvoll lassen sie sich somit vor allem in global agierenden Konzernen einsetzen.

BCR: Verhaltensregeln für Unternehmensgruppen.

CoC: Verhaltensregeln für Unternehmensarten oder Branchen.

Die Voraussetzung zur Übermittlung sollte der Verantwortliche mit dem betrieblichen Datenschutzbeauftragten abklären.

Ein **Code of Coduct** soll einheitliche Verhaltensregeln für <u>bestimmte</u> Unternehmensarten oder -branchen festlegen. Diese werden häufig durch Verbände ausgearbeitet und von Aufsichtsbehörden genehmigt. Sie können auch als Rechtsgrundlage für eine grenzüberschreitende Datenübermittlung genutzt werden.

Standardvertragsklauseln sind bestimmte vordefinierte Vertragsklauseln. Diese wurden von der Europäischen Kommission genehmigt und sollen den Schutz der zu verarbeiteten Daten sicherstellen. Diese Vertragsklauseln dürfen nicht ohne Weiteres verändert werden. Zusätzliche Vertragsinhalte dürfen hinzugefügt werden, wenn sie nicht den Standardvertragsklauseln widersprechen. Sowohl das übermittelnde Unternehmen als auch das empfangende Unternehmen müssen diese Vertragsklauseln vor der Übermittlung unterzeichnen.

Die DSGVO verwendet die Begriffe „Standardvertragsklauseln" sowie „Standarddatenschutzklauseln". Hierzu ist anzumerken, dass die ehemaligen Beschlüsse / Entscheidungen der EU-Kommission hinsichtlich der Übermittlung personenbezogener Daten in Drittländer vor dem Inkrafttreten der DSGVO als „Standardvertragsklauseln" betitelt wurden – diese gehören somit zu den „Standarddatenschutzklauseln".

Je nach Konstellation der Vertragspartner (Verantwortlicher-Auftragsverarbeiter oder Verantwortlicher-Verantwortlicher) [7] sind ab dem 28.12.2022 nur noch die neuen Standardvertragsklauseln der Europäischen Kommission zu nutzen. Datenschutzbeauftragte sollten zum Ende des Jahres prüfen welche Verträge angepasst werden müssen.

Mit den neuen Standarddatenschutzklauseln der EU können auch Auftragsverarbeitungen für Auftragsverarbeiter in Drittländern geregelt werden. Anstatt zwei Verträge (Vertrag zur Auftragsverarbeitung + Standarddatenschutzvertrag) reicht der neue Vertrag.

5.2.3 Ausnahmeregelungen

Artikel 49 der DSGVO sieht aber noch eine Reihe alternativer Rechtsgrundlagen vor, die den bereits bekannten Rechtsgrundlagen aus Artikel 6 ähneln. Zudem lässt Art. 49 Abs. 1 Satz 2 eine Übermittlung in Einzelfällen zu, die allerdings eine Konsultation der Aufsichtsbehörde erfordern.

Neue Standarddatenschutzklauseln. Übergangsfrist läuft zum 27.12.2022 ab.

Art. 49 Abs. 1 DSGVO

Falls weder ein Angemessenheitsbeschluss nach Artikel 45 Absatz 3 vorliegt noch geeignete Garantien nach Artikel 46, einschließlich verbindlicher interner

[7] Wird auch „Controller to Processor" oder „Controller to Controller" genannt.

Datenschutzvorschriften, bestehen, ist eine Übermittlung oder eine Reihe von Übermittlungen personenbezogener Daten an ein Drittland oder an eine internationale Organisation nur unter einer der folgenden Bedingungen zulässig:

a) Es liegt eine ausdrückliche Einwilligung der betroffenen Person(en) vor.
b) Die Übermittlung ist für die Erfüllung eines Vertrages erforderlich.
c) Die Übermittlung findet zur Erfüllung berechtigter Interessen statt.
d) ...
e) ...
f) Die Übermittlung findet zum Schutz lebenswichtiger Interessen statt.
g) ...

Manchmal ist eine grenzüberschreitende Datenübermittlung auf den ersten Blick nicht ersichtlich. Aufgrund der Globalisierung findet in fast jeder Organisation eine Datenübermittlung in Drittländer statt. Es kann bereits dann ein internationaler Datentransfer vorliegen, wenn:

- Microsoft Office 365 genutzt wird
- Microsoft Windows genutzt wird
- ein ausländische Webhoster für die Unternehmenswebseite genutzt wird
- ein ausländisches Videokonferenzsystem genutzt wird (z.B. Zoom, GoToMeeting, WebEx)
- Apple-Geräte dienstlich genutzt werden
- ausländische Software per SaaS genutzt wird
- Clouddienste mit Serverstandorten außerhalb der EU genutzt werden

Sie haben die verschiedenen Erlaubnistatbestände für die Übermittlung von Daten in ein Drittland gelernt. Erst bei Vorliegen einer dieser Berechtigungen dürfen die Daten übermittelt werden. Die Datenübermittlung ist ebenfalls Thema in den Informationspflichten nach Art. 13 und 14 und im Verzeichnis der Verarbeitungstätigkeiten nach Art. 30. In beiden Dokumenten muss eine Übermittlung in ein Drittland offengelegt und die geeignete Garantie genannt werden.

<u>Beispiel Informationspflicht:</u>

Wir nutzen für unsere Datenspeicherung einen Cloudanbieter, dessen Server sich in Kanada befinden. Für Kanada liegt ein Angemessenheitsbeschluss der europäischen Kommission vor, der das dortige Datenschutzniveau als ausreichend bewertet, welches den Schutz Ihrer Daten gewährleisten soll.

Beispiel Verzeichnis der Verarbeitungstätigkeiten:

ggf. Übermittlungen von personenbezogenen Daten an ein Drittland oder an eine inter-nationale Organisation (Art. 30 Abs. 1 lit. e)	☐ Datenübermittlung findet nicht statt und ist auch nicht geplant ☒ Datenübermittlung findet wie folgt statt:
Nennung der konkreten Datenempfänger	☒ Drittland oder internationale Organisation (Name) **Cloudanbieter „Save99" aus Kanada**
Sofern es sich um eine in Art. 49 Abs. 1 Unterabsatz 2 DSGVO genannte Datenübermittlung handelt.	Dokumentation geeigneter Garantien **Angemessenheitsbeschluss gem. Art. 45 Abs. 1**

Abbildung 14: Ausschnitt aus dem Verzeichnis der Verarbeitungstätigkeiten

5.3 One Stop Shop

Nur eine Aufsichtsbehörde ist Ansprechpartner.

Der aufmerksame Leser und Datenschützer musste sowohl im Basisbuch, als auch diesem Lehrbuch feststellen, dass der zuständige Datenschutzbeauftragte u.U. die Forderungen mehrerer unterschiedlicher Aufsichtsbehörden berücksichtigen muss.
Besonders wenn das Unternehmen des Verantwortlichen mehrere Niederlassungen umfasst oder gar international tätig ist.

Beispiel:

Die XYZ GmbH plant die Einführung einer Videoüberwachung in fünf Standorten in der ganzen Welt. Die

Überwachungsdaten werden zentral gespeichert und ausgewertet.
Die personenbezogenen Daten sind grundsätzlich am Ort der Überwachung entstanden und wurde dort bereits verarbeitet. Eine Weiterverarbeitung findet in der Zentrale statt. Jede Aufsichtsbehörde in den verschiedenen Ländern der Welt haben eine andere Auffassung bezüglich der Regelungen einer Videoüberwachung. Nach welchen Vorgaben richtet sich die XYZ GmbH?

Der One Stop Shop vereinfacht solche Anliegen.

Art. 56 Abs. 1 DSGVO

Unbeschadet des Artikels 55 ist die Aufsichtsbehörde der Hauptniederlassung oder der einzigen Niederlassung des Verantwortlichen oder des Auftragsverarbeiters gemäß dem Verfahren nach Artikel 60 die zuständige federführende Aufsichtsbehörde für die von diesem Verantwortlichen oder diesem Auftragsverarbeiter durchgeführte grenzüberschreitende Verarbeitung.

Demnach richtet sich der Verantwortliche nach der zuständigen Aufsichtsbehörde der Hauptniederlassung[8].

[8] Begriffe „Hauptniederlassung" und „grenzüberschreitende Verarbeitung" finden Sie in Art. 4 DSGVO

5.4 Kontrollfragen zum Kapitel 5

1. Was ist im Sinne der DSGVO unter einem Drittland zu verstehen?

   ☐ Ein Land in dem die DSGVO zur Anwendung kommt.
   ☐ Ein Land innerhalb der Europäischen Union.
   ☐ Ein Land außerhalb der Europäischen Union.
   ☐ Ein Land für das ein angemessenes Datenschutzniveau vorliegt.
   ☐ Das Empfängerland nach einer Übermittlung an einen Dritten.

2. Die XYZ GmbH möchte personenbezogene Daten an andere Unternehmen übermitteln. Welche Voraussetzungen müssen dazu erfüllt werden?

   ☐ Es müssen keine zusätzlichen Voraussetzungen erfüllt werden, da die Datenübermittlung keine Verarbeitung darstellt.
   ☐ Es muss eine Rechtsgrundlage gemäß Art. 6, 9 DSGVO oder § 26 BDSG vorliegen.
   ☐ Im Vorfeld muss eine Datenschutz-Folgenabschätzung durchgeführt werden.
   ☐ Bei einer Übermittlung in ein Drittland, müssen zusätzlich die Regelungen der Art. 44 ff. DSGVO berücksichtigt werden.
   ☐ Unter Umstände handelt es sich bei der Übermittlung um eine Auftragsverarbeiter. In diesem Fall muss ein Vertrag zur Auftragsverarbeitung nach Art. 28 geschlossen werden.

3. Die Übermittlung von Daten in Drittländer ist nach der DSGVO zulässig, wenn...

   ☐ die betroffene Person in die Übermittlung gemäß Art. 49 Abs. 1 lit. a ausdrücklich eingewilligt hat.
   ☐ der Verantwortliche geeignete Garantien vorgesehen hat z.B. durch die Nutzung von Standardvertragsklauseln.
   ☐ eine Datenschutzfolgeabschätzung gemäß Art. 35 stattgefunden hat.
   ☐ das Land ein angemessenes Schutzniveau hat und dies mittels Angemessenheitsbeschluss nach Art. 45 nachgewiesen wurde.
   ☐ das Unternehmen ein Verarbeitungsverzeichnis gemäß Art. 30 der Aufsichtsbehörde vorlegt hat.

4. Was versteht man unter „One Stop Shop"?

   ☐ Gehören einem Unternehmen mehrere Niederlassungen in der EU an, gilt die DSGVO nur für die Hauptniederlassung.
   ☐ Bei einem internationalen Bußgeldverfahren übernimmt die Federführung der Europäische Gerichtshof.
   ☐ Vor jedem Geschäftsbesuch muss der Kunde die Datenschutzhinweise lesen können. Deshalb werden sie häufig am Eingangsbereich ausgehängt.
   ☐ Für Unternehmen mit mehreren Niederlassungen in der EU, ist bei grenzüberschreitender Datenverarbeitung die Aufsichtsbehörde an ihrem Hauptsitz federführend zuständig.

6. Videoüberwachung

In diesem Kapitel lernen Sie...

- Wann eine Videoüberwachung zulässig ist.
- Welche Voraussetzungen für einen datenschutzkonformen Einsatz einer Videokamera zu erfüllen sind.
- Welche technischen und organisatorischen Schutzmaßnahmen zu ergreifen sind.

Auch eine Videoüberwachung stellt im Sinne der DSGVO eine Verarbeitung von personenbezogenen Daten dar. In diesem Kapitel lernen Sie in welchen Fällen der Einsatz einer Videokamera zulässig ist und welche Anforderungen in diesem Zusammenhang zu beachten sind. Der Datenschutzbeauftragte muss den datenschutzkonformen Einsatz einer Kamera prüfen und den Verantwortlichen dahingehend beraten können.

Der Einsatz von Videoüberwachungssystemen birgt eine Vielzahl von Tücken. Leider werden viele aktive Kameras unzulässig eingesetzt. Das ist häufig auf Unwissenheit zurückzuführen. Viele Bußgeld- und Beschwerdeverfahren vor den Aufsichtsbehörden haben eine unzulässige Videoaufzeichnung zum Gegenstand. Bei Unsicherheiten zum Einsatz eines solchen Systems sollte unbedingt ein Experte oder die Aufsichtsbehörde zu Rate gezogen werden.

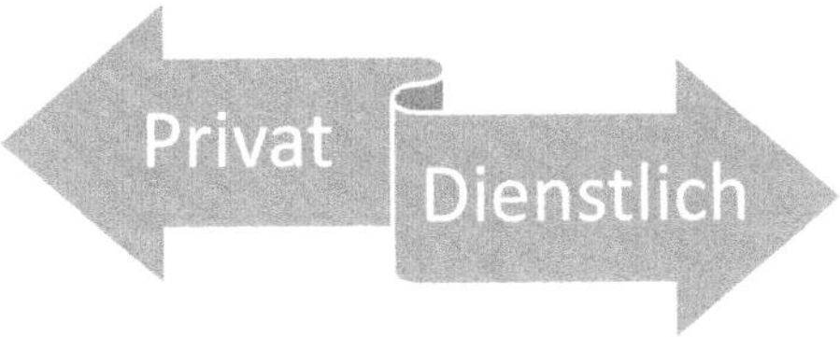

Grundsätzlich muss zunächst unterschieden werden, ob eine Kamera privat oder im unternehmerischen Zusammengang eigesetzt wird. Für die private Verwendung von Kameras oder auch Drohnen gibt es zahlreiche Richtlinien und gesetzliche Auflagen zu beachten. Dieses Lehrbuch behandelt allerdings nur die dienstliche Verwendung dieser Geräte.

Zunächst sollte klar sein, dass der Einsatz einer Videokamera ebenfalls eine Verarbeitung von personenbezogenen Daten darstellt. Selbst wenn die Videoaufzeichnungen nicht gespeichert werden, ist bereits die Livedarstellung und Übermittlung an einen Monitor, eine Verarbeitung im Sinne des Art. 4 der DSGVO. Somit unterliegen diese Aufzeichnungen allen bisher erläuterten Anforderungen der Datenschutz-Grundverordnung.

- ✓ Rechtmäßigkeit prüfen
- ✓ Betriebsrat einbeziehen

Zusätzlich muss der Betriebsrat oder die Mitarbeitervertretung einbezogen werden, wenn die Beschäftigten von einer Aufnahme betroffen sind.

Eine Videoüberwachung muss einen Erlaubnistatbestand erfüllen, damit sie rechtlich zulässig ist.

6.1 Rechtmäßigkeit einer Videoüberwachung

Zunächst muss eine geeignete Rechtsgrundlage zur Verarbeitung der Daten vorliegen. Auf öffentlichen Plätzen darf die Stadt oder Polizei eine Videoüberwachung im Sinne Art. 6 Abs. 1 lit. e DSGVO oder § 4 Abs. 1 BDSG durchführen. In solchen Fällen sind zusätzlich die geltenden LDSG zu beachten z.B. § 14 Niedersächsisches Datenschutzgesetz.

§ 4 Abs. 1 Satz 1 BDSG

[1]Die Beobachtung öffentlich zugänglicher Räume mit optisch-elektronischen Einrichtungen

(Videoüberwachung) ist nur zulässig, soweit sie

1. zur Aufgabenerfüllung öffentlicher Stellen,
2. zur Wahrnehmung des Hausrechts oder
3. zur Wahrnehmung berechtigter Interessen

für

konkret festgelegte Zwecke

erforderlich ist und keine Anhaltspunkte bestehen, dass schutzwürdige Interessen der betroffenen Personen überwiegen.

Für die Nutzung eine Videokamera durch ein Unternehmen, einen Verein oder eine sonstige Einrichtung, kommt demnach nur Art. 6 Abs. 1 lit. f DSGVO „berechtigtes Interesse" (z.B. Wahrung des Hausrechtes) oder Art. 6 Abs. 1 a „Einwilligung des Betroffenen" in Betracht. In einigen Sonderfällen, beispielsweise biometrische Gesichtserkennung durch Videoaufnahmen gilt Art. 9 der DSGVO. Wie bereits im Basisbuch beschrieben, muss bei der Verarbeitung von Daten auf Grundlage des Art. 6 Abs. 1 lit. f DSGVO vorab eine Interessenabwägung stattfinden.

Handelt es sich bei den Videodaten um Beschäftigtendaten, so kann auch § 26 BDSG in Betracht kommen. Zu beachten ist, dass Beschäftigte nicht dauerhaft in ihrer Leistung kontrolliert werden dürfen. Lediglich in begrenzten Ausnahmefällen ist eine Videoüberwachung zulässig (siehe Erforderlichkeit).

Eine Einwilligung zu einer Videoüberwachung hat einige Tücken. So dürfen einzelne Betroffene aufgrund des Kopplungsverbotes nicht benachteiligt werden, wenn sie die Einwilligung nicht erteilen. Dies geschieht gelegentlich durch den Ausschluss von einer Veranstaltung, wenn eine Videoaufnahme nicht bewilligt wird. Fälschlicherweise wird auch das Betreten eines

Überwachungsbereiches automatisch als Einwilligung gewertet. Dieser Fall stellt kein konkludentes Handeln gem. Art. 7 DSGVO dar.

Grundsätzlich ist es verboten die Toiletten- und Duschräume, Umkleidekabinen, Schlaf- und Pausenräume mittels einer Videokamera zu überwachen. Ebenso ist das gesprochene Wort durch das StGB geschützt und darf nicht abgehört werden.

Abbildung 15: Verbotene Bereiche für eine Videoüberwachung

6.2 Erforderlichkeit einer Videoüberwachung

Videoüberwachungen in Toilettenräumen, Umkleidekabinen, Duschen und Schlafräumen sind grundsätzlich verboten.

Die Anfertigung von Tonaufzeichnungen im Zusammenhang mit einer Videoüberwachung ist verboten und strafbar.

Die kontrollierenden Aufsichtsbehörden legen besonders Wert auf die „Erforderlichkeit" einer Videoüberwachung. Dazu muss der Verantwortliche sehr detailliert Rechenschaft ablegen können. Eine Videoüberwachung stellt immer einen starken Eingriff in das Persönlichkeitsrecht der Betroffenen dar und muss daher umfangreich gerechtfertigt werden. Bei rein präventiven Überwachungen fehlt diese Rechtfertigung.

Anders sieht es aus, wenn eine Gefahrenlage besteht. Dann liegt keine reine präventive Überwachung vor. Bei Vorliegen einer **konkreten Gefahr** aus der Vergangenheit, kann der Verantwortliche ganz klar das Erfordernis einer Videoüberwachung glaubhaft machen. Wenn es bereits zu Diebstählen oder Einbrüchen gekommen ist und der Verantwortliche dies mit einer polizeilichen

Strafanzeige nachweisen kann, besteht normalerweise kein Zweifel an der Erforderlichkeit. Genauso verhält es sich mit einer **abstrakten Gefährdungslage** wie z.B. bei Tankstellen und Juweliergeschäften. Aufgrund verschiedener Erfahrungswerte kann bei Unternehmen dieser Branche immer von einer potenziellen Gefährdung ausgegangen werden.

Alle anderen Einrichtungen, die keine konkrete oder abstrakte Gefährdung nachweisen können, werden die Erforderlichkeit schwer darlegen können. Deshalb sollte der Einsatz einer Videokamera unter allen Umständen im Vorfeld geprüft werden. Der Datenschutzbeauftragte berät dazu die Verantwortlichen.

Beim Einsatz einer Videoüberwachung ist eine umfangreiche Dokumentation und eine Interessenabwägung unvermeidlich. Der folgende Ausschnitt aus dem Fragenkatalog der Aufsichtsbehörde Bayern gibt einen Einblick in die Komplexität zur Beurteilung der Erforderlichkeit.

Fragenkatalog zur „Videoüberwachung"

1. Welche Bereiche sollen überwacht werden? - öffentlich zugänglicher Raum (z.B. Kundenbereiche); - Mitarbeiterräume; - öffentliche Flächen (z.B. Gehwege)

2.Dient die Videoüberwachung der - Wahrung des Hausrechts oder - Wahrung eines anderen berechtigten Interesses (Zweck)? Wenn ja, welchem? Besteht eine Gefährdungslage und auf welche Tatsachen, z.B. Vorkommnisse in der Vergangenheit, gründet sich diese?

3. Wurde der Zweck der Videoüberwachung schriftlich festgelegt?

4. Warum ist die Videoüberwachung geeignet, den festgelegten Zweck zu erreichen?

5.Warum ist die Videoüberwachung erforderlich und warum gibt es keine milderen Mittel, die für das Persönlichkeitsrecht der Betroffenen weniger einschneidend sind?

6. Welche schutzwürdigen Interessen der Betroffenen haben Sie mit welchem Ergebnis in die Interessenabwägung einbezogen?

7. Ist eine Beobachtung der Bilder auf einem Monitor ohne Aufzeichnung der Bilddaten ausreichend? Wenn nein, warum nicht?

8. Sofern aufgezeichnet wird, wann werden die Aufnahmen gelöscht? Wenn das Löschen nicht innerhalb von 48 Stunden erfolgt, begründen Sie bitte das spätere Löschen.

9. Zu welchen Zeiten erfolgt die Videoüberwachung und wer hält sich üblicherweise zu dieser Zeit im überwachten Bereich auf?

10. Wenn eine Videoüberwachung rund um die Uhr erfolgt, warum halten Sie sie für erforderlich bzw. warum kann sie nicht zeitlich eingeschränkt werden, z.B. auf außerhalb der Geschäftszeiten oder die Nachtstunden?

11. Wurde geprüft, ob eine Datenschutz-Folgenabschätzung (DSFA) erforderlich ist und wurde sie ggf. durch die bzw. den betrieblichen Datenschutzbeauftragten durchgeführt? Wenn nein, warum ist eine DSFA nicht erforderlich?

12. ...

Abbildung 16: Ausschnitt des Fragenkataloges der Aufsichtsbehörde Bayern zum Thema "Videoüberwachung". Quelle: lda.bayer.de (2019)

6.3 Geeignetheit einer Videoüberwachung

Nachdem ein klarer Zweck, eine Rechtsgrundlage und eine Erforderlichkeit für den Einsatz eines Videoüberwachungssystems vorliegen, muss die Überwachung auch geeignet sein, um den vorher definierten Zweck erfüllen zu können. Ein kleines Beispiel soll den Zusammenhang näher erläutern.

Ein Autohändler möchte den Ausstellungsbereich im Außenbereich mit Videokameras überwachen lassen. Der Zweck wird wie folgt formuliert:

„Zum Zwecke der Verhinderung von Diebstählen wird ein Videoüberwachungssystem eingesetzt."

Dieser Zweck führt häufig zu einer Unzulässigkeit des Einsatzes einer Videokamera.

Begründung:
Ein Diebstahl kann in erster Linie nicht durch den Einsatz einer Videokamera verhindert werden. Es kann zwar eine minimale abschreckende Wirkung erzielt werden, allerdings dient die Aufzeichnung in vielen Fällen vorrangig der Aufklärung der Tat. Abschreckende Zwecke können auch mittels einer Dummy-Kamera verfolgt werden. Somit ist die Aufzeichnung unzulässig und Verantwortliche machen sich mit dieser Zweckformulierung angreifbar. Aufsichtsbehörden vertreten dabei häufig die Meinung, dass zunächst andere mildere Mittel ergriffen werden müssen, um den eigentlichen Zweck zu erfüllen. Der Einsatz einer Videokamera muss die letzte Möglichkeit sein, da sie sehr stark in die Privatsphäre der restlichen Betroffenen eingreift, die keinen Diebstahl beabsichtigen. Mildere Mittel im Beispiel des Autohändlers wären z.B. der Einsatz einer Alarmanlage, Sicherheitspersonal oder ähnliches.

6.4 Kennzeichnung der Videoüberwachung

Für öffentliche Stellen gilt eine umfangreiche Kennzeichnungspflicht nach § 4 Abs. 2 BDSG. Aber auch alle anderen Organisationen müssen auf den Einsatz einer Videokamera hinweisen. Analog zu § 4 gelten die gleichen Anforderungen, die aus Art. 13 „Informationspflicht“ abgeleitet werden.

> **§ 4 Abs. 2 BDSG**
>
> Der Umstand der Beobachtung und der Name und die Kontaktdaten des Verantwortlichen sind durch geeignete Maßnahmen zum frühestmöglichen Zeitpunkt erkennbar zu machen.

Der Aushang von Hinweisschildern ist erforderlich.

Wurde im Vorfeld ausgiebig geprüft, dass der Einsatz einer Videokamera zulässig ist, so sind einige Anforderungen bei der Installation zu beachten. Der Blickwinkel der Kamera sollte so installiert sein, dass er mindestens 1,5 Meter von öffentlichen Straßen und Wegen entfernt bleibt. Bevor eine betroffene Person in den Aufnahmebereich tritt, muss diese über den Umstand der Videoüberwachung informiert werden. Das erfolgt über Hinweisschilder[9]. Diese Schilder müssen unter Umständen an mehreren Stellen ausgehängt werden.

[9] Vergrößertes Muster siehe Anlage 4

Abbildung 17: Hinweisschild für Videoüberwachung

Aber nicht nur der Umstand der Videoüberwachung muss erkenntlich sein, sondern auch

- der Name und die Kontaktdaten des Verantwortlichen,
- der Zweck der Verarbeitung,
- eine Erläuterung der berechtigten Interessen,
- die Speicherdauer und
- die Rechte der Betroffenen.

Da der Platz der Hinweisschilder begrenzt ist, ist hier der sogenannte Medienbruch[10] erlaubt. Weitere notwendige Angaben gem. Art. 13 können dann z.B. über eine Webseite für die Betroffenen abrufbar sein. Der Verweis auf eine Webseite kann dann über einen Link oder einen QR-Code auf dem Hinweisschild erfolgen. Wenn allerdings ausreichend Platz gegeben ist, können die übrigen

[10] Siehe Basisbuch Ende von Kapitel 4.3

Angaben zu den Rechten der Betroffenen auch direkt auf dem Schild angegeben werden.

6.5 Technische und Organisatorische Maßnahmen zum Schutz der Videodaten

Während des Betriebes der Videokamerasysteme müssen verschiedene technische und organisatorische Maßnahmen eingehalten werden, z. Bsp.:

- Verschlüsselung der Übertragung
- Deaktivierung möglicher Audio-Aufnahme-Funktionen
- Passwortschutz für den Zugriff
- Löschfristen
- ggf. Verpixeln von Gesichtern oder KFZ-Kennzeichen (je nach Zweckverfolgung)
- zeitliche Einschränkung der Aufnahmen
- Bevorzugung einer Live-Überwachung anstatt einer Speicherung der Aufzeichnung
- Speicherort und Zugriffsregelungen

Der Verantwortliche sollte im Vorfeld prüfen, ob die geplante Technik den technischen Anforderungen entspricht. Nicht jedes Videosystem ist datenschutz-konform.

Die Videodaten sind umgehend mit Erreichung des Zwecks zu löschen. Der Zweck ist in den meisten Fällen die Aufklärung einer unzulässigen oder strafbaren Handlung. Ob eine derartige Handlung vorliegt, kann bei Sichtung des Materials festgestellt werden. Die Videodaten können täglich ausgewertet werden. An Wochenenden und Feiertagen müssen die Aufzeichnungen am nächsten Werktag ausgewertet werden. Daher ist in den meisten Fällen eine Speicherdauer von 24 bis 72[11] Stunden zulässig. Längere Aufbewahrungsfristen müssen mit der Aufsichtsbehörde abgesprochen werden. Videoaufnahmen durch öffentliche Stellen, die der öffentlichen Sicherheit dienen, werden ebenfalls deutlich länger

[11] Die zulässige Speicherdauer wird von der zuständigen Aufsichtsbehörde bekannt gegeben.

aufbewahrt. Dazu sind die Spezialgesetze der einzelnen Bundesländer zu berücksichtigen.

Es ist im Vorfeld zu prüfen, ob eine zeitlich beschränke Videoaufzeichnung genügt, um den Zweck zu erfüllen. So kann eine Aufzeichnung außerhalb der Öffnungszeiten völlig ausreichend sein, um einen Diebstahl zu bemerken, da während der Öffnungszeiten entweder die Gefahrenlage sehr gering ist oder ein Diebstahl durch Mitarbeiter beobachtet werden könnte.

Neben den technischen und organisatorischen Maßnahmen muss die Notwendigkeit einer Datenschutz-Folgenabschätzung geprüft und die Verarbeitung in das Verzeichnis der Verarbeitungstätigkeiten aufgenommen werden.

6.6 Kontrollfragen zu Kapitel 6

1. In welchen der folgenden Bereiche ist eine Videoüberwachung grundsätzlich <u>verboten</u>?

   ☐ Öffentlicher Parkplatz.
   ☐ Ruheraum der Mitarbeiter einer Arztpraxis.
   ☐ Umkleidekabinen eines Unternehmens.
   ☐ Kantine eines Unternehmens.
   ☐ Flure und IT-Abteilung einer Behörde.
   ☐ Vorräume zu den Toiletten eines Vereins.

2. Der Verantwortliche der XYZ GmbH möchte eine Videokamera im Eingangsbereich in Betrieb nehmen. Welche der folgenden Anforderungen aus der DSGVO müssen in diesem Zusammenhang ebenfalls erfüllt werden.

   ☐ Die Speicherung des Videomaterials ist nicht zulässig. Es sind nur Live-Videoüberwachungen möglich.
   ☐ Es muss geprüft werden, ob im Vorfeld eine Datenschutz-Folgenabschätzung gem. Art. 35 erfolgen muss.
   ☐ An allen Zugängen zum Überwachungsbereich müssen Hinweisschilder angebracht werden, die den Umstand der Überwachung verdeutlichen.
   ☐ Die Aufsichtsbehörde muss ihre Einwilligung zur Überwachung erteilt haben.
   ☐ Die Verarbeitung der Videodaten muss im Verzeichnis der Verarbeitungstätigkeiten dokumentiert werden.
   ☐ Betroffene müssen zuvor ihre Einwilligung in die Überwachung erteilen.

7. Sonstige Rechtsnormen

In diesem Kapitel lernen Sie...

- Angrenzende Gesetze und Regelungen im Datenschutz kennen.
- Die wichtigsten Forderungen aus dem Telekommunikationsgesetz (TKG) und dem Telemediengesetz (TMG) kennen.
- Die wichtigsten Regelungen aus dem Gesetz zur Regelung des Datenschutzes und des Schutzes der Privatsphäre in der Telekommunikation und bei Telemedien (TTDSG) kennen.
- Die wichtigsten Anforderungen an eine datenschutzkonforme Webseite kennen.

Mit der Verabschiedung der DSGVO hatte die Europäische Kommission zunächst auch die Verabschiedung einer ePrivacy-Verordnung geplant. Aufgrund fehlender Zustimmung der Mitgliedstaaten wurde das Vorhaben mehrfach verschoben bzw. zwischenzeitlich aufgehoben. Der letzte Entwurf wurde im Januar 2021 von Portugal vorgelegt und steht zur Abstimmung aus.

Die ePrivacy-Verordnung sollte die Vorgaben der ePrivacy-Richtlinie von 2002 grundsätzlich und einheitlich für die EU umsetzen.
So lange keine EU-weiten Vorgaben durch eine Verordnung gelten müssen die einzelnen Mitgliedsstaaten die Anforderungen der ePrivacy-Richtlinie selbstständig über die nationale Gesetzgebung umsetzen. Deutschland hatte lange auf eine Verordnung der EU gewartet. Aufgrund der Verzögerungen um mehr als vier Jahre musste die Regierung selbst über die nationale Gesetzgebung

tätig werden. Deshalb gilt seit dem 01.12.2021 das neue Gesetz zur Regelung des Datenschutzes und des Schutzes der Privatsphäre in der Telekommunikation und bei Telemedien (TTDSG). Einige gesetzliche Regelungen (siehe Abb. 18) des TKGs und TMGs wurden darin neu aufgenommen und sowohl das TKG als auch das TMG novelliert und gekürzt.

7.1 Das Telekommunikationsgesetz (TKG)

Das TKG hat seit der Novellierung vom 23.06.2021 weniger Einfluss auf den Datenschutz als zuvor. Im alten TKG wirkte sich besonders der §88 „das Fernmeldegeheimnis“ auf den Datenschutz in Unternehmen und Einrichtungen aus. Seit dem 01.12.2021 gilt das neue TTDSG, welches einige Paragrafen aus dem alten TMG und TKG übernommen hat.

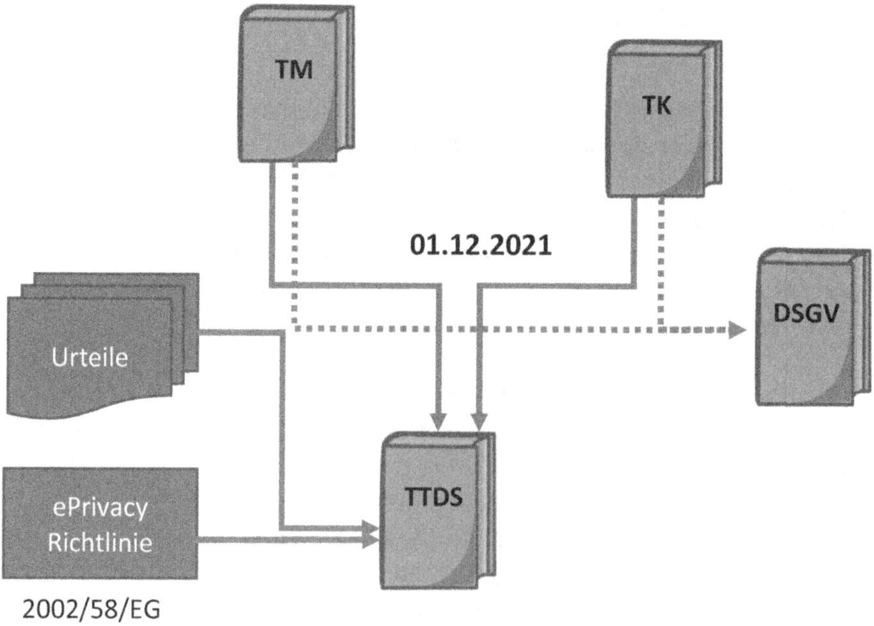

Abbildung 18: Veränderungen der Gesetze zum 01.12.2021

Das Fernmeldegeheimnis hat weiterhin große Auswirkungen auf Prozesse und Dokumente im Datenschutz, ist aber ab sofort im TTDSG zu finden.

Ziel des TKGs ist die Regulierung der Telekommunikation. Grundsätzlich unterliegen alle Telekommunikationsanbieter dem TKG. Auch ein Unternehmen kann ein Telekommunikationsanbieter werden und ist dadurch an die Regelungen des TKG gebunden.

§ 1 Abs. 2 TKG

Diesem Gesetz unterliegen alle Unternehmen oder Personen, die im Geltungsbereich dieses Gesetzes Telekommunikationsnetze oder Telekommunikationsanlagen betreiben oder Telekommunikationsdienste erbringen sowie die weiteren, nach diesem Gesetz Berechtigten und Verpflichteten.

§ 3 TKG

Nr. 60: „Telekommunikationsanlagen" technische Einrichtungen, Systeme oder Server, die als Nachrichten identifizierbare elektromagnetische oder optische Signale oder Daten im Rahmen der Erbringung eines Telekommunikationsdienstes senden, übertragen, vermitteln, empfangen, steuern oder kontrollieren können;zwischen Telekommunikationsendeinrichtung und Schnittstelle des öffentlichen Telekommunikationsnetzes ein Gerät geschaltet;

Nr. 61: „Telekommunikationsdienste" in der Regel gegen Entgelt über Telekommunikationsnetze erbrachte Dienste, die – mit der Ausnahme von Diensten, die Inhalte über Telekommunikationsnetze und -dienste anbieten oder eine redaktionelle Kontrolle über sie ausüben – folgende Dienste umfassen:

a) Internetzugangsdienste,
b) interpersonelle Telekommunikationsdienste und
c) Dienste, die ganz oder überwiegend in der Übertragung von Signalen bestehen, wie Übertragungsdienste, die für Maschine-Maschine-Kommunikation und für den Rundfunk genutzt werden;

Zu den Telekommunikationsanlagen gehören im klassischen Sinne die Telefone, die in jedem Unternehmen eingesetzt werden.

Zu den Telekommunikationsdiensten zählen gem. § 3 Nr. 61 TKG demnach Internetzugangsdienste oder auch sogenannte interpersonelle Telekommunikationsdiente.

Die neuen interpersonellen Telekommunikationsdienste werden auch Over-the-top (OTT) Dienste genannt. Darunter zu verstehen sind z.B.:

Videokonferenzsysteme können als interpersoneller Telekommunikationsdienst gelten. Je nach Funktionsumfang (nur Kommunikation), bleibt der Anbieter Verantwortlicher.

Einige Videokonferenzsysteme stellen eine Auftragsverarbeitung dar (je nach Funktionsumfang). Der Anbieter wird zum Auftragsverarbeiter.

- Netflix
- Messenger
- Videokonferenztools
- E-Mail Anbieter

Mit der Novellierung des TKGs wurde der Begriff der Telekommunikationsdienste weiter gefasst und die OTT-Dienste einbezogen. Damit zählen seit dem 01.12.2021 die Videokonferenzsysteme zu den Telekommunikationsdiensten. Für den Datenschutz bedeutet diese Änderung, dass klassische Videokonferenzsysteme keine Auftragsverarbeitungen mehr darstellen. Sobald allerdings ein Kommunikationstool die Zusammenarbeit zwischen den Nutzern derart unterstützt, dass Dateien geteilt oder Aufgaben organisiert werden, stellt diese Nutzung keine

reine Kommunikation mehr dar und bedarf einen Vertrag zur Auftragsverarbeitung[12].
Da in einigen Unternehmen Telefone, Smartphones, Internetzugänge oder auch E-Mail-Dienste durch die Beschäftigten zu privaten Zwecken genutzt werden können, werden die Verantwortlichen der Unternehmen zu Telekommunikationsanbietern [13] und unterliegen gem. § 1 den gesetzlichen Bestimmungen des TKGs.

Der Datenschutzbeauftragte muss beurteilen können, inwieweit die Vorschriften des TKG im Innen- und Außenverhältnis zur Anwendung kommen.

7.2 Das Telemediengesetz (TMG)

Neben dem TKG müssen Verantwortliche der Unternehmen auch die gesetzlichen Bestimmungen des TMG berücksichtigen. Seit der Novellierung haben die übrigen Paragrafen keine Berührungspunkte zum Datenschutz. Im alten TMG war die Cookie-Regelung [14]für Webseiten zu finden.

In den Regelungsbereich des TMG fallen:

- Unternehmenswebseiten und Blogs (auch private Blogs)
- Onlineshops
- Applikationen (Apps), Programme und Spiele
- Video-on-demand Dienste
- Internetdienste
- E-Mail-Dienste

---

[12] Siehe Kapitel 2

[13] Die Auslegung des § 1 TGK ist noch nicht abschließend geklärt. In den nächsten Monaten/Jahren werden aufschlussreiche Urteile erwartet.

[14] Seit dem 01.12.2021 über das TTDSG geregelt.

Mit dem Inkrafttreten des TTDSG wurde der Abschnitt 5 des TMG (§11 – 15d) komplett gestrichen.

7.3 Das Gesetz zur Regelung des Datenschutzes und des Schutzes der Privatsphäre in der Telekommunikation und bei Telemedien (TTDSG)

Am 20.05.2021 hat der Bundestag das TTDSG verabschiedet und kommt damit einigen Forderungen der ePrivacy-Richtlinie (RiLi 2002/58/EG in der durch die RiLi 2009/136/EG geänderten Fassung) nach. Bisher wurden die Regelungen aus diesen Richtlinien nur zum Teil in nationalen Gesetzen wie TKG und TMG umgesetzt. Die geplante ePrivacy-Verordnung hätte eine nationale Gesetzgebung vermutlich unnötig werden lassen, allerdings ist Einführung dieser geplanten Verordnung noch ungewiss. Das neue Gesetz trat am 01.12.2021 in Kraft und hat auch eine Anpassung des TMG und TKG zur Folge gehabt. Es schließt zusätzlich viele Rechtslücken der DSGVO.

Das TTDSG enthält ebenfalls besondere Vorschriften zum Schutz personen-bezogener Daten bei der Nutzung von Telekommunikationsdiensten und Telemedien.

§ 1 Abs. 1 TTDSG

Dieses Gesetz regelt

1. das Fernmeldegeheimnis, einschließlich des Abhörverbotes und der Geheimhaltungspflicht der Betreiber von Funkanlagen,

2. besondere Vorschriften zum Schutz personenbezogener Daten bei der Nutzung von Telekommunikationsdiensten und Telemedien,

3. ...

Dieses Gesetz ist von allen Organisationen, aber auch Personen einzuhalten, die die Dienste im Sinne des TTDSG erbringen. Damit unterliegen auch Personen, die z.B. einen Rezepte-Blog im Internet anbieten diesen Regelungen.

§ 1 Abs. 3 TTDSG
Diesem Gesetz unterliegen alle Unternehmen und Personen, die im Geltungsbereich dieses Gesetzes eine Niederlassung haben oder Dienstleistungen erbringen oder daran mitwirken oder Waren auf dem Markt bereitstellen. [2]§ 3 des Telemediengesetzes bleibt unberührt.

Das Gesetz richtet sich vorrangig an die Anbieter der Telemedien, ebenso wie das TMG selbst.

§ 2 Abs. 2 Nr. 2 TTDSG
„Anbieter von Telemedien" jede natürliche oder juristische Person, die eigene oder fremde Telemedien erbringt, an der Erbringung mitwirkt oder den Zugang zur Nutzung von eigenen oder fremden Telemedien vermittelt,...

Beispiele für Telemedien siehe Kapitel 7.2.

§ 4 TTDSG räumt ein, dass Erben Rechte des Nutzers erben können. Im Jahr 2017 hat ein Facebook Fall diesen Sachverhalt zur Grundlage gehabt. Die Eltern der verstorbenen Tochter wollten die Zugangsdaten der Tochter einklagen. Dieser Anspruch wurde mit dem Verweis auf das Fernmeldegeheimnis abgelehnt. Das Erben von Daten war bisher ein ungeregelter Rechtsbestand. Mit § 4 TTDSG wurde diese Rechtslücke geschlossen.

§ 19 TTDSG fordert technische und organisatorische Schutzmaßnahmen, die sicherstellen sollen, dass die Daten der Nutzer vor der Kenntnisnahme Dritter sicher sind. Außerdem muss der Dienst jederzeit beendet werden können. Eine Aufzeichnung von Daten im Hintergrund bei Inaktivität des Dienstes ist damit nicht zulässig. Die Nutzung und Bezahlung der Dienste müssen anonym oder wenigstens pseudonymisiert möglich sein. Bei einer Datenübermittlung an weitere Dienstleister muss der Nutzer informiert werden.

§ 25 TTDSG regelt die Notwendigkeit einer Einwilligung beim Speichern oder Abrufen von Informationen von oder auf einer Endeinrichtung. Darunter fallen z.B. **Cookies (Informationen) die durch den Besuch einer Webseite** entweder Informationen auf dem digitalen Gerät (PC, Smartphone, Tablet) speichern oder Informationen abrufen.

Was ist ein „Cookie"?

Bei einem Cookie (engl. „Keks") handelt es sich um ein kleines Programm, welches Informationen zum Nutzer oder zum Gerät des Nutzers sammelt oder welches Daten auf dem Gerät ablegt. So werden beispielsweise ausgewählte Produkte im Warenkorb eines Onlineshops eine begrenzte Zeit im Browser des Gerätes gespeichert. Diese Aufgabe übernimmt ein Cookie. Häufig werden Cookies auch zur Analyse des Nutzerverhaltes eingesetzt z.B. besuchte Webseiten, Eingabe von Suchbegriffen. Diese Informationen dienen den Medienanbietern meist zur Optimierung ihrer eigenen Dienste. Sie werden aber auch gerne gewinnbringend, zur Optimierung der Angebote fremder Medienanbietern, veräußert. Deshalb hat der Gesetzgeber den Einsatz von Cookies gesetzlich geregelt.

Werden Cookies für Werbezwecke oder zu Analysezwecken des Nutzerverhaltens eingesetzt, bedarf es einer vorherigen Einwilligung des Nutzers (Cookie-Banner). Diese Anforderung ergab sich bereits aus der ePrivacy-Richtlinie von 2009, aus der DSGVO (seit 2018) und dem Urteil[15] des BGH und EuGH von 2019. Mit dem TTDSG wurden die Anforderungen an die Verwendung von Cookies auch gesetzlich geregelt.

Lediglich die Verwendung von sogenannten „Session-Cookies" ist einwilligungsfrei. Diese Cookies dienen lediglich dem Aufbau und der Darstellung der Webseite und Informationen werden nach der Schließung der Webseite umgehend gelöscht.

§ 25 Abs. 1 TTDSG

[1]Die Speicherung von Informationen in der Endeinrichtung des Endnutzers oder der Zugriff auf Informationen, die bereits in der Endeinrichtung gespeichert sind, sind nur zulässig, wenn der Endnutzer auf der Grundlage von klaren und umfassenden Informationen eingewilligt hat. [2]Die Information des Endnutzers und die Einwilligung haben gemäß der Verordnung (EU) 2016/679 zu erfolgen.

Die Anforderungen an eine rechtskonforme Einwilligung gem. Art. 7 DSGVO sind streng zu berücksichtigen.

Im Rahmen der Einwilligung in den Einsatz der Cookies, müssen die Besucher über die Verarbeitung ihrer Daten aufgeklärt werden. Diese Aufklärung erfolgt dann über die Datenschutzhinweise der Webseite. Die jeweiligen Hinweise auf der Webseite müssen für die Nutzer unter Verwendung einer klaren Begrifflichkeit wie z.B. „Datenschutzhinweise" auffindbar sein; diese Hinweise dürfen nicht nur unter „Kontakt" oder

[15] 01.10.2019 Urteil des EuGH „Planet49"

„Impressum“ erscheinen bzw. nicht ausschließlich dort aufzurufen sein.

§ 26 TTDSG regelt den Einsatz von Personal Information Management System (PIMS). Um die massenhaften Einwilligungen über die verschiedenen Cookie-Banner der einzelnen Webseiten benutzerfreundlicher zu gestalten, können sogenannte PIMS eingesetzt werden. Eine unabhängige Einrichtung kann dann treuhändisch die Einwilligungen aller Nutzer verwalten. In einer Datenbank werden von jedem Nutzer (freiwillig) die gewünschten Cookie-Einstellungen zentral gespeichert. Jede Webseite ruft vor dem Start die gewünschten Einstellungen des Nutzers ab. Rechtlich wurde durch § 26 TTDSG der Weg zum Einsatz eines PIMS geebnet. Die technische Umsetzung steht jedoch noch aus.

Auch die OTT-Dienste werden dann den höheren Anforderungen an einen Telekommunikationsanbieter gem. TTDSG unterliegen. Bisher mussten die Anbieter sich nur an die Regelungen der DSGVO halten. Seit dem 01.12.2021 unterliegen auch OTT-Anbieter dem Fernmeldegeheimnis nach TTDSG.

7.4 Das Post- und Fernmeldegeheimnis

Das Post- und Fernmeldegeheimnis ist eines der wichtigsten gesetzlichen Anforderungen des TTDSG, welches den Datenschutz berührt.

§ 3 TTDSG

(1) Dem Fernmeldegeheimnis unterliegen der Inhalt der Telekommunikation und ihre näheren Umstände, insbesondere die Tatsache, ob jemand an einem Telekommunikationsvorgang beteiligt ist oder war. [2]Das Fernmeldegeheimnis erstreckt sich auch auf die näheren Umstände erfolgloser Verbindungsversuche.

(2) Zur Wahrung des Fernmeldegeheimnisses sind verpflichtet

1. Anbieter von öffentlich zugänglichen Telekommunikationsdiensten sowie natürliche und juristische Personen, die an der Erbringung solcher Dienste mitwirken,
2. Anbieter von ganz oder teilweise geschäftsmäßig angebotenen Telekommunikations- diensten sowie natürliche und juristische Personen, die an der Erbringung solcher Dienste mitwirken,
3. Betreiber öffentlicher Telekommunikationsnetze und
4. Betreiber von Telekommunikationsanlagen, mit denen geschäftsmäßig Telekommunikationsdienste erbracht werden.

Die Pflicht zur Geheimhaltung besteht auch nach dem Ende der Tätigkeit fort, durch die sie begründet worden ist.

(3) Den nach Absatz 2 Satz 1 Verpflichteten ist es untersagt, sich oder anderen über das für die Erbringung der Telekommunikationsdienste oder für den Betrieb ihrer Telekommunikationsnetze oder ihrer Telekommunikationsanlagen einschließlich des Schutzes ihrer technischen Systeme erforderliche Maß hinaus Kenntnis vom Inhalt oder von den näheren Umständen der Telekommunikation zu verschaffen. [2]Sie dürfen Kenntnisse über Tatsachen, die dem Fernmeldegeheimnis unterliegen, nur für den in Satz 1 genannten Zweck verwenden. [3]Eine Verwendung dieser Kenntnisse für andere Zwecke, insbesondere die Weitergabe an andere, ist nur zulässig, soweit dieses Gesetz oder eine andere gesetzliche Vorschrift dies vorsieht und sich dabei ausdrücklich auf Telekommunikationsvorgänge

> bezieht. [4]Die Anzeigepflicht nach § 138 des Strafgesetzbuches hat Vorrang.

Sowohl die Inhalte als auch die Umstände der Telekommunikation unterliegen dem Fernmeldegeheimnis. Inhaltsdaten wie z.B. Textnachrichten oder Sprachnachrichten müssen im Sinne des § 3 geschützt werden. So verhält es sich auch mit Verbindungsdaten. Informationen über Verbindungen wie z.B. Datum, Uhrzeit, Länge, Zielrufnummer unterliegen ebenfalls dem Fernmeldegeheimnis.

Das Fernmeldegeheimnis besteht auch noch nach Beendigung der Tätigkeit.

Grundsätzlich unterliegen nur spezielle Anbieter und Betreiber von Telekommunikationsdiensten oder Telekommunikationsanlagen dem Fernmeldegeheimnis. Das TTDSG bezieht sich dabei auf die Begriffsbestimmungen des TKG. Wie bereits im Kapitel 7.1 erläutert, kann demnach auch der Verantwortliche eines Unternehmens zum Telekommunikationsanbieter werden.

Rechtliche Probleme für Unternehmen und Einrichtungen

Ob ein Unternehmen Telekommunikationsanbieter ist, richtet sich danach, ob eine private Nutzung von dienstlichen Geräten und Diensten erlaubt ist.

Sobald die private Nutzung nicht ausgeschlossen wird und keine Kontrolle stattfindet, kann sich daraus eine betriebliche Duldung ergeben.

Unterliegen Verantwortliche dem Fernmeldegeheimnis dürfen die entsprechenden dienstlichen Geräte und Systeme nicht mehr durch Beschäftigte z.B. IT-Personal, Datenschutzbeauftragte oder den Verantwortlichen eingesehen werden. Eine verpflichtende Kontrolle im Sinne der DSGVO ist damit ausgeschlossen. Durch die private Nutzung dienstlicher Geräte können sowohl der Verantwortliche als auch der DSB seinen gesetzlichen Aufgaben nicht mehr nachkommen. Dieses Dilemma kann nur durch ein stricktes Verbot der privaten Nutzung oder durch den Einsatz eines Mobile-Device-Management gelöst werden.

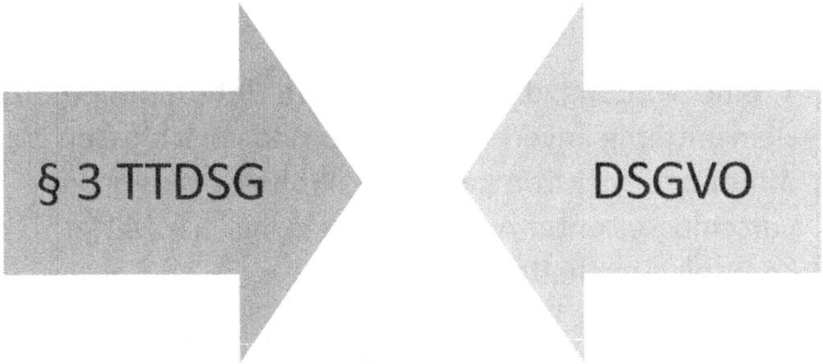

Neben dem Fernmeldegeheimnis müssen Verantwortliche und Beschäftigte das Postgeheimnis wahren. Verschlossene Inhalte dürfen nur durch Befugte geöffnet werden[16].

Sollten Verantwortliche oder auch Beschäftigte gegen die Bestimmungen des TTDSG wie z.B. das Fernmeldegeheimnis verstoßen, so drohen empfindliche Strafen und Geldbußen. Diese ergeben sich nicht aus dem TKG, sondern aus dem Strafgesetzbuch (StGB):

---

[16] Empfehlung: Regelungen zur Postöffnung treffen (Rechenschaftspflicht)

§ 206 Abs. 1 StGB

(1) Wer unbefugt einer anderen Person eine Mitteilung über Tatsachen macht, die dem Post- oder Fernmeldegeheimnis unterliegen und die ihm als Inhaber oder Beschäftigtem eines Unternehmens bekanntgeworden sind, das geschäftsmäßig Post- oder Telekommunikationsdienste erbringt, wird mit Freiheitsstrafe bis zu fünf Jahren oder mit Geldstrafe bestraft.

(2) Ebenso wird bestraft, wer als Inhaber oder Beschäftigter eines in Absatz 1 bezeichneten Unternehmens unbefugt

1. eine Sendung, die einem solchen Unternehmen zur Übermittlung anvertraut worden und verschlossen ist, öffnet oder sich von ihrem Inhalt ohne Öffnung des Verschlusses unter Anwendung technischer Mittel Kenntnis verschafft,

2. eine einem solchen Unternehmen zur Übermittlung anvertraute Sendung unterdrückt oder

3. eine der in Absatz 1 oder in Nummer 1 oder 2 bezeichneten Handlungen gestattet oder fördert.

(3) Die Absätze 1 und 2 gelten auch für Personen, die

1. Aufgaben der Aufsicht über ein in Absatz 1 bezeichnetes Unternehmen wahrnehmen,

2. von einem solchen Unternehmen oder mit dessen Ermächtigung mit dem Erbringen von Post- oder Telekommunikationsdiensten betraut sind oder

3. mit der Herstellung einer dem Betrieb eines solchen Unternehmens dienenden Anlage oder mit Arbeiten daran betraut sind.

(4) Wer unbefugt einer anderen Person eine Mitteilung über Tatsachen macht, die ihm als außerhalb des Post- oder Telekommunikationsbereichs tätigem Amtsträger auf Grund eines befugten oder unbefugten Eingriffs in das Post- oder Fernmeldegeheimnis bekanntgeworden sind, wird mit Freiheitsstrafe bis zu zwei Jahren oder mit Geldstrafe bestraft.

(5) Dem Postgeheimnis unterliegen die näheren Umstände des Postverkehrs bestimmter Personen sowie der Inhalt von Postsendungen. Dem Fernmeldegeheimnis unterliegen der Inhalt der Telekommunikation und ihre näheren Umstände, insbesondere die Tatsache, ob jemand an einem Telekommunikationsvorgang beteiligt ist oder war. Das Fernmeldegeheimnis erstreckt sich auch auf die näheren Umstände erfolgloser Verbindungsversuche.

7.5 Kontrollfragen zu Kapitel 7

1. In welchem Gesetz ist das „Fernmeldegeheimnis“ geregelt?

   - ☐ TKG
   - ☐ TMG
   - ☐ DSGVO
   - ☐ TTDSG
   - ☐ BDSG

2. Mit welchen Sanktionen muss bei einem Verstoß gegen das Fernmeldegeheimnis gerechnet werden?

   - ☐ Geldstrafe.
   - ☐ Verwarnung.
   - ☐ Strafdienst.
   - ☐ Bis zu 5 Jahren Freiheitsstrafe.
   - ☐ Bis zu 10 Jahren Freiheitsstrafe.

3. Welche Anforderungen muss eine Einwilligung zum Einsatz eines Drittpartei-Cookies erfüllen?

   - ☐ Ein Hinweis auf die Datenschutzhinweise muss erfolgen.
   - ☐ Nutzer müssen aktiv dem Einsatz des Cookies zustimmen.
   - ☐ Durch den Besuch der Webseite stimmt der Nutzer automatisch den Cookie-Bedingungen zu.
   - ☐ Eine erfolgte Zustimmung muss jederzeit widerrufbar sein.
   - ☐ Der Cookie-Banner darf nur Schriftgröße 6 ausweisen, damit er nicht von wesentlichen Inhalten der Webseite ablenkt.

8. Datenschutz in Konzernen

In diesem Kapitel lernen Sie...

- Welche Besonderheiten im Datenschutz in Konzernen zu berücksichtigen sind.
- Wie Binding Corporate Rules die Arbeit im Datenschutz erleichtern können.
- Welche Vereinfachungen für Konzerne in der DSGVO zu finden sind.
- Was das Konzernprivileg ist.

Der Datenschutz in Konzernen oder Unternehmensgruppen nimmt ein anderes Ausmaß an, wie die Umsetzung der Forderungen in einem mittelständischen Unternehmen. Aufgrund des Umfangs und der Komplexität wird in Konzernen der Datenschutzbeauftragte häufig in Vollzeit beschäftigt. In Mittelständischen Unternehmen übernimmt ein Mitarbeiter die Tätigkeit des Datenschutzbeauftragten meist in einer Nebenfunktion. Konzerne sind Unternehmensgruppen mit mehreren Niederlassungen und manchmal einzelnen selbstständigen Unternehmen. Deshalb wird der Datenschutz in diesen Fällen oft auf verschiedene Mitarbeiter aufgeteilt. So werden zu dem Datenschutzbeauftragten regelmäßig Datenschutzkoordinatoren benannt, die in den einzelnen Niederlassungen den Datenschutz regeln. Für jede selbstständige Einrichtung kann ein eigener Datenschutzbeauftragter benannt werden. Diese Funktion darf dennoch nur durch eine Person übernommen werden. Mehrere Datenschutzbeauftragte in einer selbstständigen Einrichtung können nicht benannt werden. Deshalb unterstützen die Datenschutzkoordinatoren den Datenschutzbeauftragten, wenn die Arbeit auf mehrere Beschäftigte verteilt werden soll.

Art. 4 Nr. 19 DSGVO

„Unternehmensgruppe" ist eine Gruppe, die aus einem herrschenden Unternehmen und den von diesem abhängigen Unternehmen besteht.

8.1 Gemeinsamer Datenschutzbeauftragter

Die DSGVO beinhaltet einige Erleichterungen für Unternehmensgruppen (z.B. Konzerne). So ist es beispielsweise erlaubt einen gemeinsamen Datenschutzbeauftragten zu benennen. Für jede selbstständige Einrichtung des Konzerns kann ein und derselbe Datenschutzbeauftragte tätig sein. Die Vorteile liegen in der Zentralisierung und Einheitlichkeit. Grundsätzlich ist es aber auch möglich für jede Einrichtung einen anderen Datenschutzbeauftragten zu benennen. In diesen Fällen wird aber häufig ein Datenschutzbeauftragter zum Konzern-Datenschutzbeauftragten benannt, der für eine einheitliche Handhabung des Datenschutzes Sorge tragen soll.

Für die Benennung eines gemeinsamen Datenschutzbeauftragten nach Art. 37 Abs. 2 DSGVO ist es erforderlich, dass der DSB von jeder Niederlassung aus leicht zu kontaktieren ist.

Anhand der folgenden Beispiel-Zeichnungen können Sie mögliche Organisationsformen des Datenschutzes nachvollziehen.

Beispiel 1:

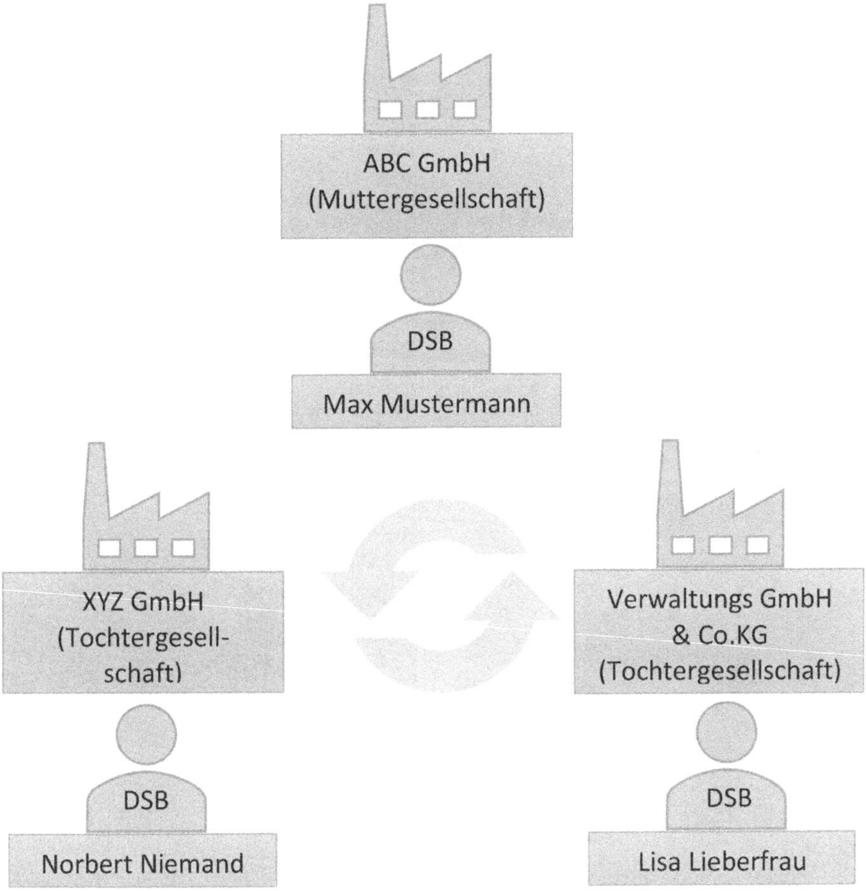

Abbildung 19: Beispiel 1 einer Konzernstruktur und die Besetzung von Datenschutzbeauftragten

Im Beispiel 1 wurde für jedes Unternehmen ein anderer Datenschutzbeauftragter benannt. Um die interne Zusammenarbeit zu vereinheitlichen wäre die Bestimmung eines Konzern-Datenschutzbeauftragten zu empfehlen z.B. Max Mustermann in der Muttergesellschaft.

Beispiel 2:

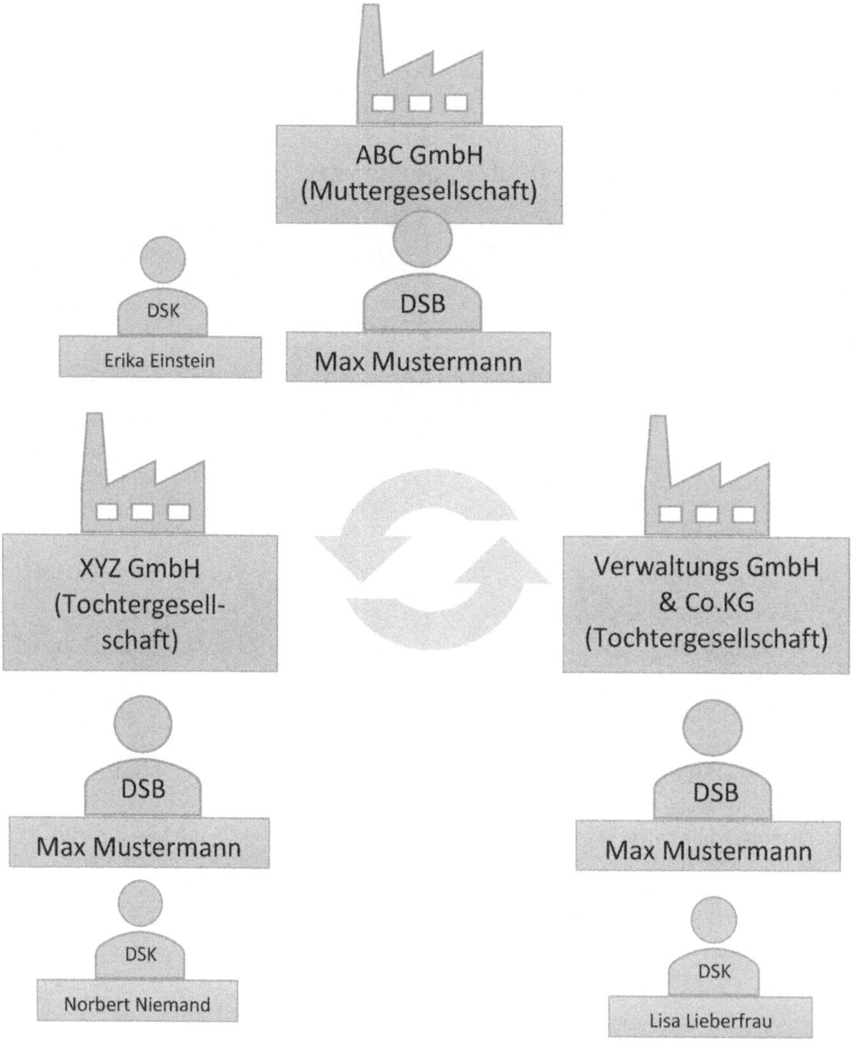

Abbildung 20: Beispiel 2 einer Konzernstruktur und die Besetzung von Datenschutzbeauftragten

Im Beispiel 2 wurde von der Erleichterung aus Art. 37 der DSGVO Gebrauch gemacht und ein gemeinsamer DSB „Max Mustermann" benannt. Zur Unterstützung steht in jeder Gesellschaft ein Datenschutzkoordinator dem DSB zur Seite.

8.2 Gemeinsame Datennutzung

Eine weitere Herausforderung, die es zu meistern gilt, ist die gemeinsame Nutzung von Daten. Der Datenaustausch zwischen den Gesellschaften eines Konzerns kann schnell unübersichtlich und komplex werden, was die Aufgaben des Datenschutzbeauftragten erschwert. Deshalb ist es in Konzerne besonders wichtig, dass der DSB einen umfassenden Überblick über die Datenflüsse innerhalb des Konzerns hat. Grundsätzlich stellt jede Übermittlung von Daten von einer Gesellschaft zu einer anderen Gesellschaft eine Verarbeitung von Daten dar. Und für jede Übermittlung von personenbezogenen Daten ist eine Rechtsgrundlage (Erlaubnistatbestand) nötig. In den wenigsten Fällen arbeiten die Gesellschaften in Konzerne rechtlich so selbstständig, dass keinerlei Datenaustausch stattfindet. Häufig werden einzelne Prozesse wie z.B. Personalwesen, Buchhaltung, IT, Controlling zentralisiert. Eine Gesellschaft übernimmt für die anderen Gesellschaften zentral die Aufgaben. Dazu werden Daten zwischen den Gesellschaften geteilt.

Beispiel: Die Verwaltungs GmbH übernimmt die Gehaltsbuchhaltung für alle Mitarbeiter des gesamten Konzerns. Zu Abrechnungszwecken werden die Arbeitszeiten der Beschäftigten vor Ort über ein Zeiterfassungssystem erfasst. Die Mitarbeiter haben einen Beschäftigungsvertrag mit der jeweiligen Gesellschaft (ABC GmbH, YXZ GmbH oder Verwaltungs GmbH) geschlossen. Der verantwortliche für die Arbeitszeiterfassung ist die Geschäftsführung der jeweiligen Gesellschaft. Am Monatsende werden die Arbeitszeitdaten der Verwaltungs GmbH zur Verfügung gestellt (Datenübermittlung). Da es sich um rechtlich selbstständige Unternehmen handelt müsste die Datenübermittlung wie eine Übermittlung an Dritte behandelt werden. Entsprechende Rechtsgrundlagen könnten im Art. 6, Art. 9 der DSGVO oder auch § 26 BDSG zu finden sein.

Unter Umständen handelt es sich bei der Übermittlung auch um eine Auftragsverarbeitung. Da der Datenaustausch zwischen den Gesellschaften häufig nicht auf einen einzelnen Prozess beschränkt ist, kann eine Regelung über Auftragsverarbeitungen schnell sehr konfus werden. Deshalb hat die DSGVO für solche Konstellationen das „**kleine Konzernprivileg**" mit aufgenommen.
Bei einem Datenaustausch in Konzernen oder Unternehmensgruppe kann ein berechtigtes Interesse angenommen werden.

EG 48 DSGVO

Verantwortliche, die Teil einer Unternehmensgruppe oder einer Gruppe von Einrichtungen sind, die einer zentralen Stelle zugeordnet sind können ein berechtigtes Interesse haben, personenbezogene Daten innerhalb der Unternehmensgruppe für interne Verwaltungszwecke, einschließlich der Verarbeitung personenbezogener Daten von Kunden und Beschäftigten, zu übermitteln. [2]Die Grundprinzipien für die Übermittlung personenbezogener Daten innerhalb von Unternehmensgruppen an ein Unternehmen in einem Drittland bleiben unberührt.

BCR sind sinnvoll für grenzüberschreitende Datenübermittlungen innerhalb der Konzernstrukturen.

Stellen keine geeignete Rechtsgrundlage für Datenübermittlungen an fremde Unternehmen außerhalb der EU dar.

Trotz der Vereinfachung des Datenaustauschs zwischen den Gesellschaften, sollten bestimmte Verhaltensweisen für den Datenschutz innerhalb der Unternehmensgruppe beschlossen werden.
Um der Rechenschaftspflicht (Art. 5) nachzukommen und um Zuständigkeiten innerhalb der Gruppe klar zu regeln können sogenannte „interne verbindliche Datenschutzvorschriften" (Binding Corporate Rules)

geschlossen werden. Sie dienen zusätzlich der rechtlichen Absicherung des internen Datenaustausches. Werden die Binding Corporate Rules durch die zuständige Aufsichtsbehörde genehmigt können die verbindlichen Datenschutzvorschriften auch als Rechtsgrundlage für eine Datenübermittlung an Drittländer genutzt werden. Die angeführten Binding Corporate Rules rechtfertigen zwar grenzüberschreitende Datenübermittlungen innerhalb eines Konzerns, eignen sich jedoch nicht hinsichtlich einer erlaubten Datenübermittlung außerhalb einer Unternehmensgruppe. Sinnvoll lassen sie sich somit vor allem in global agierenden Konzernen einsetzen.

Art. 4 Nr. 20 DSGVO

„Verbindliche interne Datenschutzvorschriften" sind Maßnahmen zum Schutz personenbezogener Daten, zu deren Einhaltung sich ein im Hoheitsgebiet eines Mitgliedstaats niedergelassener Verantwortlicher oder Auftragsverarbeiter verpflichtet im Hinblick auf Datenübermittlungen oder eine Kategorie von Datenübermittlungen personenbezogener Daten an einen Verantwortlichen oder Auftragsverarbeiter derselben Unternehmensgruppe oder derselben Gruppe von Unternehmen, die eine gemeinsame Wirtschaftstätigkeit ausüben, in einem oder mehreren Drittländern.

8.3 Kontrollfragen zu Kapitel 8

1. Darf in Konzernen ein gemeinsamer Datenschutzbeauftragter benannt werden, der für alle Gesellschaften gelichzeitig tätig ist?

   - ☐ Nein. Jede Gesellschaft muss einen anderen Datenschutzbeauftragten benennen, um die Verantwortlichkeiten klar zu trennen.
   - ☐ Ja.
   - ☐ Ja, wenn der der gemeinsame Datenschutzbeauftragte von jeder Niederlassung leicht zu erreichen ist.
   - ☐ Nur nach vorheriger Absprache mit der Aufsichtsbehörde.

2. Die Tochtergesellschaften einer Unternehmensgruppe lassen die IT-Dienste zentral über die Muttergesellschaft abwickeln. Diese Verarbeitung stellt grundsätzlich eine Auftragsverarbeitung dar. Muss für den Datenaustausch in Unternehmensgruppen grundsätzlich ein Vertrag zur Auftragsverarbeitung geschlossen werden?

   - ☐ Ja. Für Konzerne gibt es keine Ausnahmen.
   - ☐ Nein. Unternehmensgruppe können ein berechtigtes Interesse glaubhaft machen („Konzernprivileg") die Daten für interne Verwaltungszwecke an die Muttergesellschaft übermitteln.
   - ☐ Das ist davon abhängig, ob ein gemeinsamer Datenschutzbeauftragter benannt wurde.

9. Datensicherheit

In diesem Kapitel lernen Sie...

- Datensicherheit von Datenschutz abzugrenzen.
- Was die gesetzlichen Anforderungen sind.
- Welche Schutzziele beachtet werden müssen.
- Welche Kontrollarten unterschieden werden (z.B. Zugang und Zugriff).
- Welche einzelnen Schutzmaßnahmen umzusetzen sind.
- Was Privacy-by-Design und Privacy-by-Default bedeutet.
- Welche Angriffsmethoden aktuell genutzt werden, um an Unternehmensdaten zu gelangen.

9.1 Was ist Datensicherheit?

Datenschutz	Datensicherheit
Schutz der Privatsphäre eines jeden Menschen vor Missbrauch der persönlichen Daten.	Schutz aller Daten vor Manipulation, Verlust oder unberechtigter Kenntnisnahme.
↓	↓
Einhaltung der Regelungen der DSGVO + BDSG	Einhaltung der technischen und organisatorischen Maßnahmen

Wie Sie bereits im Basisbuch gelernt haben, gibt es einen klaren Unterschied zwischen Datenschutz und Datensicherheit. Der Datenschutz beschäftigt sich vorrangig mit personenbezogenen Daten und die rechtmäßige Verarbeitung dieser Daten. Die Datensicherheit hingegen, hat zur Aufgabe alle Daten des Unternehmens mittels geeigneter Maßnahmen zu schützen. Welche Maßnahmen das konkret sind, schauen wir uns später an.

Die DSGVO spricht in einigen Artikeln auch von der Datensicherheit. Hier aber natürlich nur im Zusammenhang mit personenbezogenen Daten. Hat ein Unternehmen schon einige Maßnahmen zur allgemeinen Datensicherheit getroffen, dann schützen diese Maßnahmen natürlich auch die personenbezogenen Daten.

In der Zwischenzeit dürften die aufmerksamen Leser auch festgestellt haben, das Datenschutz nicht ohne Datensicherheit funktioniert.

Unternehmen und Einrichtungen müssen die Daten der Betroffenen schützen und behüten, mit allen zur Verfügung stehenden Mitteln.

Beispiel:
Der Verantwortliche benötigt für jede Offenlegung von Daten gegenüber Dritten eine Rechtsgrundlage. Liegt keine Rechtsgrundlage vor, muss eine Offenlegung zwingend verhindert werden. Wie kann man also verhindern, dass Fremde an die Akten der Mitarbeiter gelangen? Durch das Verschließen der Akten in Aktenschränken. Das ist eine Schutzmaßnahme auch in Sachen der Datensicherheit. Ohne diese Schutzmaßnahme gibt es keinen Datenschutz.

9.2 Gesetzliche Anforderungen

Art. 24 Abs. 1 DSGVO

[1]Der Verantwortliche setzt unter Berücksichtigung der Art, des Umfangs, der Umstände und der Zwecke der Verarbeitung sowie der unterschiedlichen Eintrittswahrscheinlichkeit und Schwere der Risiken für die Rechte und Freiheiten natürlicher Personen geeignete

> technische und organisatorische Maßnahmen um, um sicherzustellen und den Nachweis dafür erbringen zu können, dass die Verarbeitung gemäß dieser Verordnung erfolgt. [2]Diese Maßnahmen werden erforderlichenfalls überprüft und aktualisiert.

Der Artikel 24 der DSGVO gibt Verantwortlichen den Auftrag, sicherzustellen, dass die Verarbeitung der personenbezogenen Daten nur im Sinne der DSGVO erfolgt. Dazu soll der Verantwortliche geeignete technische und organisatorische Maßnahmen verwenden.

9.2.1 Was sind technische Maßnahmen?

Technische Maßnahmen sind Sicherheitsvorkehrungen mit technischer Unterstützung.
Beispiele: Antivirenprogramme, Zugangskontrollen mittels Scanner, automatische Schließsysteme, Kennwortabfragen bei Programmen, Feuerlöschanlage im Serverraum.

Technische Maßnahmen werden häufig einmal eingerichtet und laufen dann relativ autonom (automatisch) ab. Deshalb sollten Verantwortliche und Datenschützer immer erst technische Maßnahmen in Betracht ziehen. Natürlich ist Technik auch anfällig und kann kompromittiert[17] werden. Sie sind aber sicherer als organisatorische Maßnahmen.

Die Hauptaufgabe des Datenschutzbeauftragten ist die Überwachung der Einhaltung der organisatorischen Maßnahmen, da hier das Risiko am höchsten ist.

9.2.2 Was sind organisatorische Maßnahmen?

Organisatorische Maßnahmen sind Sicherheitsvorkehrungen ohne technische Unterstützung.
Beispiele: Regelungen im Umgang mit Speichermedien (USB), Zugangskontrollen mittels Schlüssel,

[17] In ein Computersystem eindringen und Daten ausspähen. Schutzmaßnahmen außer Kraft setzen.

Besucherbegleitung, Aufstellen eines Feuerlöschers in der Nähe des Servers.

Das Bundesamt für Sicherheit in der Informationstechnik (BSI) hat dazu einen Katalog entwickelt mit allen denkbaren Sicherheitsvorkehrungen.

IT-Grundschutz-Kompendium

Bei sämtlichen organisatorischen Maßnahmen spielt der Mensch, also der Mitarbeiter, die Hauptrolle. Diese Schutzmaßnahmen müssen den verantwortlichen Mitarbeitern bekannt sein und sie müssen verantwortungsbewusst und verlässlich durchgeführt werden. Das ist aber gerade das große Problem bei allen organisatorischen Maßnahmen. Diese Voraussetzungen zu schaffen, liegt in der Verantwortung der Geschäftsführung und des Datenschutzbeauftragten.

Da die Zuverlässigkeit stark vom Mitarbeiter bestimmt wird, hängt somit auch die Wirksamkeit der Schutzmaßnahmen vom Mitarbeiter ab.

Aufgrund der überschneidenden Aufgaben sollten der DSB und der Informationssicherheitsbeauftragte ganz eng zusammenarbeiten.

Der Datenschutz im Unternehmen steht und fällt mit den Mitarbeitern!

Deshalb werden technische Maßnahmen bevorzugt. Aber nicht alle erkannten Risiken können durch technische Maßnahmen realisiert werden, da sie entweder zu kostenintensiv sind oder einen unverhältnismäßig hohen zusätzlichen Aufwand darstellen.

9.2.3 Wie viele Schutzmaßnahmen müssen ergriffen werden?

Das ist die Frage aller Fragen.

IT-Sicherheitsbeauftragter (alt)
=
Informationssicherheitsbeauftragter (neu)

Es ist schwierig eine Vorgabe zu machen, wie ein Basisschutz in kleinen Unternehmen auszusehen hat. Mittelständische und große Unternehmen leisten sich fast immer eine IT-Abteilung und häufig auch sogenannte Informationssicherheitsbeauftragte. Diese Beauftragten sind geschult und kennen die Anforderungen. Viele Unternehmen in dieser Größenordnung haben auch eine entsprechende ISO-Zertifizierung. Aber gerade die kleinen

Unternehmen (bis 300 Mitarbeiter), haben die Problematik aus einem riesigen Katalog[18] an Schutzmaßnahmen die geeigneten zu wählen.

Um Ihnen dennoch eine kleine Hilfe an die Hand zu geben, finden Sie in der Anlage 5 eine Auflistung zum Basisschutz in kleinen Unternehmen.

Letztlich gibt es eben keine gesetzlichen Vorgaben zum Umfang der Schutzmaßnahmen. Art. 24 Satz 1 DSGVO verlangt eine Risikoabwägung. Je riskanter eine Verarbeitung ist, desto komplexer sollten die Schutzmaßnahmen sein.
Die Verarbeitung besonderer personenbezogener Daten ist z.B. schon riskanter als die Verarbeitung reiner Kontaktdaten.

Schauen wir uns ergänzend den Art. 32 der DSGVO an.

Art. 32 Abs. 1 DSGVO

Unter Berücksichtigung des Stands der Technik, der Implementierungskosten und der Art, des Umfangs, der Umstände und der Zwecke der Verarbeitung sowie der unterschiedlichen Eintrittswahrscheinlichkeit und Schwere des Risikos für die Rechte und Freiheiten natürlicher Personen treffen der Verantwortliche und der Auftragsverarbeiter geeignete technische und organisatorische Maßnahmen, um ein dem Risiko angemessenes Schutzniveau zu gewährleisten; diese Maßnahmen schließen gegebenenfalls unter anderem Folgendes ein:

[18] IT-Grundschutz-Kompendium vom BSI.
Vorsicht: Es bedarf viel Zeit dieses Kompendium nutzen zu können und den Aufbau zu verstehen. Dazu gibt es auch zahlreiche Lernvideos oder Schulungen. Als DSB sollte man die Quelle kennen aber die Anwendung überlassen wir lieber den IT-Experten und Informationssicherheitsbeauftragten.

a) die Pseudonymisierung und Verschlüsselung personenbezogener Daten;

b) die Fähigkeit, die Vertraulichkeit, Integrität, Verfügbarkeit und Belastbarkeit der Systeme und Dienste im Zusammenhang mit der Verarbeitung auf Dauer sicherzustellen;

c) die Fähigkeit, die Verfügbarkeit der personenbezogenen Daten und den Zugang zu ihnen bei einem physischen oder technischen Zwischenfall rasch wiederherzustellen;

d) ein Verfahren zur regelmäßigen Überprüfung, Bewertung und Evaluierung der Wirksamkeit der technischen und organisatorischen Maßnahmen zur Gewährleistung der Sicherheit der Verarbeitung.

Die bayerische Aufsichtsbehörde hatte im Jahr 2018 eine umfangreiche Kontrolle von bayerischen Webseiten durchgeführt. Die Webseiten wurden auf ihre Verschlüsselung geprüft. Aufgefallene Unternehmen und Einrichtungen wurde ermahnt.

Im Jahr 2018 gab es sogar einige Fälle von Abmahnungen durch Anwälte und Anwaltsvereine. Auf die Verantwortlichen kamen dann entsprechende Abmahngebühren zu.

Der Artikel 32 ist ähnlich wie der Artikel 24 aufgebaut. Die DSGVO fordert geeignete technische und organisatorische Maßnahmen zum Schutz der personenbezogenen Daten. Auch hier ist die Grundlage eine Risikoabwägung. Hier findet man nun aber ein paar klarere Anforderungen im Gegensatz zu Artikel 24.

1. Die Schutzmaßnahmen müssen dem Stand der Technik entsprechen.
2. Konkrete Maßnahmen wie Pseudonymisierung und Verschlüsselung wurden genannt.
3. Schutzziele wie Verfügbarkeit, Vertraulichkeit usw. können als Grundgerüst genutzt werden.

9.2.4 Was ist der Stand der Technik?

Der Artikel 32 fordert, dass die gewählten Schutzmaßnahmen dem Stand der Technik entsprechen müssen. Diese Anforderung stellt heute eine riesige

Herausforderung für alle Datenschützer dar. Es verlangt nämlich, dass die Datenschutzbeauftragten immer „up-to-date" sein müssen, was die technischen Schutzmaßnahmen betrifft. Dazu hilft es nur, die Rechtsprechungen und Handlungsempfehlungen der Aufsichtsbehörden regelmäßig zu verfolgen. Nicht jede neue Technik muss sofort implementiert werden. Viele verschiedene Faktoren spielen bei der Bewertung eine Rolle. Was wir dazu aber schon wissen:

- ☞ Jede Webseite muss verschlüsselt sein. Die bayerische Aufsichtsbehörde hat dazu 2018 im Tätigkeitsbericht des Landesdatenschutzbeauftragten schon eine Stellungnahme abgegeben. Der Aufwand und die Kosten sind so niedrig, dass die Aufsichtsbehörde kein Nachsehen hat, wenn eine Webseite nicht verschlüsselt ist. Hier sieht die Aufsichtsbehörde die Verschlüsselung als Stand der Technik an.
- ☞ Verschlüsselung von mobilen Speichermedien z.B. USB-Sticks, Smartphones und Festplatten von Laptops. Auch hier sind Kosten und Aufwand sehr gering. Viele Betriebssysteme bringen die entsprechende Software schon mit.
- ☞ Nutzung von Passwörtern. Sämtliche Programme und Systeme bringen einen Passwortschutz mit. Es gibt aber immer noch Unternehmen oder Einrichtungen, die die Passwortabfrage deaktiviert haben oder Standardpasswörter[19] verwenden.
- ☞ Bei einigen Unternehmen ist der Einsatz einer Firewall als Stand der Technik anzusehen. Sobald von außerhalb auf das Firmennetz zugegriffen werden soll, ist eine Firewall unerlässlich. Genauso verhält es sich mit der Verbindung zum Firmennetzwerk (z.B. per Remote). Dazu muss die Verbindung verschlüsselt werden. Die Daten werden zwischen den beiden

---

[19] Die Verwendung von Standardpasswörtern fällt in die grobe Fahrlässigkeit und kann auch als vorsätzliches Handeln bewertet werden. Strafen fallen damit deutlich höher aus.

Geräten (Sender-Empfänger) vor Dritten abgeschirmt. Man spricht dann von einer VPN-Verbindung.

- ☞ Die Verwendung des Betriebssystems Windows ist nur zulässig, wenn die Übermittlung sämtlicher Telemetriedaten[20] deaktiviert wird.
- ☞ Aktueller Virenschutz

Als mildernden Zusatz nennt der Artikel 32 aber, dass nur solche Maßnahmen ergriffen werden müssen, die verhältnismäßig zu den Implementierungskosten sind. Es kommt also wieder auf die Argumentation und Dokumentation an.

9.3 Die Schutzziele der DSGVO

Der Artikel 32 Abs. 1 DSGVO zählt nur grobe Schutzziele, wie z.B. Verschlüsselung oder Vertraulichkeit auf, die durch ganz unterschiedliche Einzelmaßnahmen umgesetzt werden müssen. Was die Schutzziele verfolgen und welche passenden Maßnahmen es gibt, klären wir in den folgenden Abschnitten.

---

[20] Die niedersächsische Aufsichtsbehörde hat eine Datenschutz-Folgenabschätzung bei der Europäischen Kommission eingereicht und die Einschränkung des Betriebssystems gefordert. Sie finden in der Linksammlung die passende Anleitung.

Integrität der Daten:

Daten können nicht unbefugt gelöscht oder verändert werden.

Abbildung 21: Schutzziele nach DSGVO

7.3.1 Was ist eine Pseudonymisierung?

Anonymisieren

- **Verändern oder Löschen** von Einzelangaben
- Zuordnung zu einer Person nicht/schwer möglich

Pseudonymisieren

- **Ersetzen** von Einzelangaben
- Bestimmung einer Person nur Referenzangaben möglich

Abbildung 22: Unterscheidung Pseudonymisierung und Anonymisierung

Eine klassische Pseudonymisierung ist, wenn Mitarbeiter, Kunden oder Lieferanten eine entsprechende Kennnummer erhalten. Ein Mitarbeiter wird so z.B. in der Personalabteilung mit einer Mitarbeiternummer geführt. Wo immer es dann möglich ist, wird der Mitarbeiter nur noch mit der Mitarbeiternummer geführt anstatt des Namens. Die IT-Abteilung richtet dann z.B. einen Computer-Account mit der Mitarbeiternummer ein. Es ist nicht relevant welcher Name sich dahinter verbirgt. Nur die Personalabteilung hat die Referenzliste in der sowohl der Name des Mitarbeiters als auch die zugehörige Nummer zu finden sind. Diese Maßnahme erhöht die Sicherheit der Daten deutlich. Nehmen wir einmal an, die Buchhaltung verliert eine Gehaltsliste, in der alle Mitarbeiter gelistet sind. Ein unberechtigter Dritte kann mit den dort gelisteten Daten (Gehalt und Mitarbeiternummer) nichts anfangen, da ein konkreter Personenbezug fehlt. Es wird höchstens das Gehaltsgefüge des Unternehmens bekannt.

Der Verlust dieser Liste stellt auch keine Datenschutzverletzung gem. DSGVO dar, da keine personenbezogenen Daten abhandengekommen sind.

Kleine Nummer, viele Vorteile!

Diese Sicherheitsvorkehrung funktioniert aber auch wieder nur, wenn Sie konsequent angewendet wird.

9.3.2 Was ist Verschlüsselung?

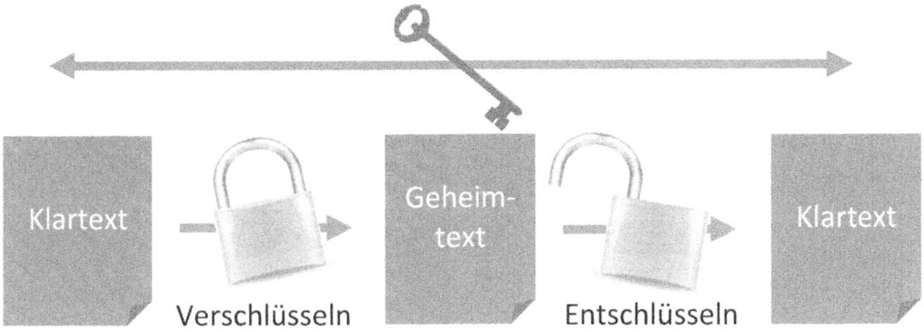

Symmetrische Verschlüsselung (Jeder Beteiligte benötigt den gleichen Schlüssel)
Asymmetrische Verschlüsselung (Geheimer + Öffentlicher Schlüssel)

Abbildung 23: Grober Vorgang bei einer Verschlüsselung

Ganz einfach erklärt:

Ein Programm macht im Hintergrund aus einem Text einen Buchstabensalat. Das Muster, nachdem der Text geschnipselt wird, steckt im Schlüssel. Dieser Schlüssel ist geschützt mit einem Passwort. Nur wer den Schlüssel hat, kennt das Muster und kann den Buchstabensalat wieder in eine lesbare Form zusammensetzen.

Was kann man verschlüsseln?

Webseiten

Speichermedien

WLAN (WPA2)

Dateien

E-Mails

Abbildung 24: Beispiele von Verschlüsselungen.

Aktuell werden noch wenige E-Mails tatsächlich verschlüsselt. Die Problematik liegt aktuell noch in den verschiedenen Verschlüsselungssystemen. Außerdem können, je nach verwendetem E-Mail-Programm, nicht alle Schlüssel problemlos genutzt werden. Zudem müssen diese Schlüssel ausgetauscht werden. Für jeden Kunden und Lieferanten wird ein eigener Schlüssel benötigt. Häufig geschieht der Austausch über öffentliche Schlüsseldatenbanken (bei asymmetrischer Verschlüsselung). Aber auch von diesen Datenbanken existieren einige.

Einrichtungen, die besondere personenbezogene Daten per E-Mail übermitteln, sind allerdings schon aufgefordert eine Verschlüsselung zu verwenden z.B. Ärzte und Anwälte (= Stand der Technik).

Die Kontrollarten bewegen sich von außen nach innen.

1. Zutritt zum Betriebsgelände, Gebäude und Büro.

2. Zugang zu den Daten in einem verschlossenen Schrank, oder auf der Festplatte eines PCs.

3. Der Zugriff wird unterschieden zwischen lesenden oder schreibenden Zugriff auf die Daten, sowie unterschiedliche Freigaben.

9.3.3 Schutzmaßnahmen zur Vertraulichkeit

Die Schutzmaßnahmen, die die Vertraulichkeit der Daten sicherstellen sollen, werden in Zutritt-, Zugangs- und Zugriffskontrollen unterschieden.

Zutrittskontrolle	Unbefugten wird der Zutritt zu den Daten verwehrt (physisch).

Zugangskontrolle	Unbefugten wird die Nutzung der Daten verwehrt.

Zugriffskontrolle	Gewährleistung, dass die Berechtigten ausschließlich zu den von ihrer Zugangsberechtigung umfassten pbD Zugriff haben.

Zutrittskontrollmaßnahmen

- Absicherung von Gebäude, Türen und Fenstern
- Alarmanlage, Einbruchmelder
- Zutrittskontrollsysteme (Transponder, Ausweis, Schlüssel...)
- Befugte Personen festlegen
- Personenkontrolle, Besucherdokumentation
- ...

Zugangskontrollmaßnahmen

- Sperren von Laufwerken, Ordnern usw.
- Passwörter, 2-Faktor-Authentifizierung (2FA)

- Firewall
- Verschlüsselung, Zertifikate
- Bildschirmsperre, Passwörter
- Sicheres Verschließen von Unterlagen
- ...

Zugriffskontrollmaßnahmen

- Rollen- und Rechtekonzept erstellen
- Regelmäßige Kontrolle
- Protokolle (Log-Management)
- Intrusion-Detection-Systeme (IDS)
- ...

Was ist eine 2-Faktor-Authentifizierung?

Der Zutritt zu einem Gebäude oder Büro kann ganz unterschiedlich abgesichert werden. Zahlreiche Unternehmen sichern den Zutritt physikalisch über ein ganz einfaches Schlüsselsystem ab. Dazu erhalten berechtigte Mitarbeiter einen Schlüssel, um Gebäude- oder Bürotüren öffnen zu können. Aufgrund der Rechenschaftspflicht sollten Verantwortliche an dieser Stelle unbedingt ein

Abbildung 25: Beispiel für einen Transponder und ein Schließsystem per Chipkarte

Schlüsselverzeichnis führen. Darin werden alle vorhandenen Schlüssel und der entsprechende Besitzer aufgelistet. Zudem muss ein sogenanntes Schließverzeichnis vorhanden sein. Darin ist vermerkt, welcher Schlüssel für welche Türen genutzt werden kann. Es ist sicherlich auch nachvollziehbar, dass diese Dokumentation enorm wichtig ist, um im Falle eines Diebstahls aufklären zu können, welche Person theoretisch Zutritt zu den vermissten Daten hatte. Moderne Schließsysteme lassen sich elektronisch mit einer Chipkarte oder einem Transponder öffnen. Der Vorteil liegt hier darin, einen Teil der lästigen Dokumentation abgenommen zu bekommen. Zur Programmierung der Türöffner liegt bereits eine genaue Berechtigungsübersicht vor. Der Nachteil dieser bisher beschriebenen Systeme liegt allerdings darin, dass die Türöffner (Schlüssel, Transponder usw.) vergessen oder verloren werden können. Daher gibt es auch zahlreiche Zutritts- und Zugangssysteme, die mit biometrischen Merkmalen arbeiten.

Der Zugang zu Daten wird häufig über einen Benutzernamen und zugehörigem Passwort geregelt. Auch hier hat sich in den letzten Jahren viel weiterentwickelt. Mitarbeiter nutzen sowohl als Privatperson, als auch als Betriebsmitglied zahlreiche Passwörter. Da verliert man schon leicht den Überblick. Deshalb bieten viele Systeme die Möglichkeit den Zugang per Single Sign-on (SSO) zu regeln. Dazu gibt der Mitarbeiter nach dem Start seiner Computersysteme nur noch ein Passwort ein und alle anderen Systeme werden automatisiert angemeldet. Das Prinzip funktioniert wie ein Passwort-Manager.

Aber alle diese Zutritts- und Zugangsregelungen zeigen leider immer wieder, dass sie sehr leicht kompromittiert werden können. Die Passwörter der Mitarbeiter sind leicht zu erraten oder wurden ausgespäht. Ein Büroschlüssel wird verloren oder manchmal auch bewusst an Dritte weitergegeben. Diese Sicherheitslücken gilt es zu schließen, um auch den Anforderungen in Bezug auf den „Stand der Technik" gerecht zu werden. Deshalb sichern Unternehmen ihre Daten mittels 2-Faktor-Authentifizierungen oder gar Multi-Faktor-Authentifizierungen ab.

Es werden also mehrere der genannten Zugangsregelungen kombiniert.

Beispiel:

1. Faktor: Benutzername + Passwort

2. Faktor: Chipkarte

Sie dürften die 2-Faktor-Authentifizierung bereits aus dem Privatleben kennen. Alle Banken, die einen Onlineservice anbieten, mussten diese Art der Zugangsverifizierung implementieren. Der 2. Faktor ist dann entweder ein TAN-Generator oder eine PIN wird per SMS-TAN versendet.

Die Wahrscheinlichkeit, dass beide Faktoren verloren gehen oder gestohlen werden ist geringer als bei der alleinigen Nutzung eines Passwortes. Mit zunehmender Anzahl der Faktoren wird natürlich auch die Sicherheit erhöht.

Als 2. Faktor wird allerdings häufig eine PIN genutzt, die über einen digitalen Empfänger abgerufen wird. Der Empfänger kann ein sogenannter Token sein oder auch das Smartphone. Über diesen Empfänger erhält der Mitarbeiter ein Einmalpasswort, dass auch nur eine kurze Zeit gültig ist.

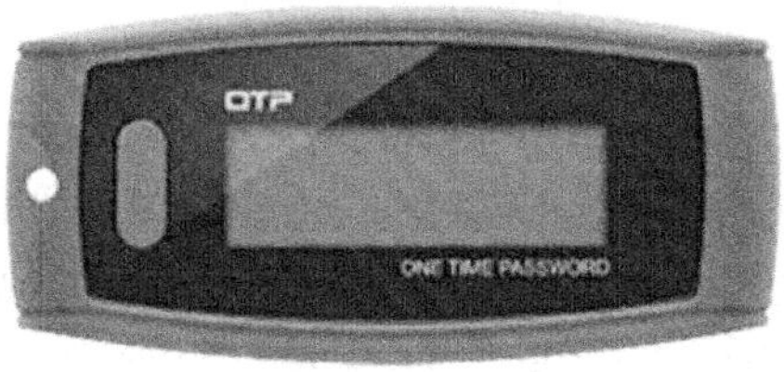

Abbildung 26: Beispiel eines Tokens

ARTEN DER ZUTRITTS- UND ZUGANGSSICHERUNG

- Physikalisch (Ausweis, Schlüssel, Transponder)
- Biometrisch (Stimmenerkennung, Fingerabdruck, Irisscan)
- Single Sign-on (SSO)
- 2-Faktor-Authetifizeirung (z.B. Token)

9.3.4 Schutzmaßnahmen der Integrität

Die Integrität der Daten soll sicherstellen, dass personenbezogene Daten nur von berechtigten Personen gespeichert, geändert oder gelöscht werden können.

- Einschränken der Schreib- und Leseberechtigungen
- Dokumentation eines Berechtigungskonzeptes
- Eingabe- und Weitergabekontrolle

Dazu erstellt der IT-Verantwortliche ein sogenanntes Berechtigungskonzept. Darin ist jeder Nutzer eines Systems oder Programms mit der entsprechenden Berechtigung enthalten. Der Datenschutzbeauftragte sollte hier auch mit einbezogen werden. Er hat darauf zu achten, dass nur die Mitarbeiter auf die Daten Zugriff haben, für die sie auch verantwortlich sind (Zweckgebunden). So sollte z.B. der Personalbereich getrennt sein vom Marketing.

Was muss der Mitarbeiter wissen, um arbeiten zu können?

-Need-to-know Prinzip-

Auch bei der Art der Berechtigung sollte zwischen Schreib- und Lese-Berechtigung unterschieden werden. Ein Praktikant in der Personalabteilung kann theoretisch Zugriff auf einige Personaldaten bekommen, allerdings sollte dann ein lesender Zugriff genügen. So werden die Daten auch vor unbeabsichtigter Veränderung oder Löschung geschützt.

Das einfache Berechtigungskonzept enthält die Namen der Mitarbeiter und die direkte Berechtigung. Für kleine Unternehmen ist das auch völlig ausreichend. Mit zunehmender Größe wird der Aufwand für die Erstellung und Verwaltung der Berechtigungen unverhältnismäßig. Daher wird oft vorweg ein Rollenkonzept erstellt. Darin sind verschiedene Rollen und deren Berechtigungen abgebildet. Im Berechtigungskonzept werden dann den Mitarbeitern nur noch die passenden Rollen zugewiesen.

Nachdem das Berechtigungskonzept erstellt und implementiert wurde, muss auch sichergestellt werden, dass Protokolle in den Systemen die Veränderungen an den Daten aufzeichnen. Letztlich hat der Verantwortliche eine Rechenschaftspflicht. Dazu gehört es auch, jederzeit nachweisen zu können, wer welche Daten einsehen konnte oder sie verändert hat. Diese Protokolle sollten stichprobenartig auf Auffälligkeiten geprüft werden. Das Berechtigungskonzept ist eine technische und gleichzeitig auch organisatorische Maßnahme gem. Art. 32 DSGVO. Im Absatz 1 lit. d fordert die Verordnung, dass der Verantwortliche alle TOMs regelmäßig auf die Wirksamkeit testet. Und dass kann er dadurch tun, dass die Protokolle regelmäßig ausgewertet werden. Natürlich macht das nicht die Geschäftsführung selbst, sondern weist die IT-Verantwortlichen dazu an. Diese wiederkehrende Aufgabe sollte in die Aufgaben des IT-Verantwortlichen eingearbeitet werden (Prozesse anpassen).

Auch dieses Ergebnis dient im Endeffekt der Erfüllung vieler Forderungen und Ziele des Datenschutzes:

- ✓ Erfüllung der Forderungen aus Art. 24 und 32 DSGVO
- ✓ Teil des Datenschutzkonzeptes
- ✓ Erfüllung der Rechenschaftspflichten nach Art. 5
- ✓ Teil des Datenschutzmanagements
- ✓ Teil einer möglichen Auditierung (Zertifizierung)
- ✓ Verhinderung einer Datenpanne
- ✓ Mildernde Umstände, im Falle einer Datenpanne

Berechtigungskonzept

l = lesend

s = schreibend

k = korrigieren

	Personengruppe	Daten	Zugriffsart	Gültigkeit
	Alle Mitarbeiter	Alle Beschäftigungsdaten	l,s,k	01.01.2018 - 31.12.2019
	Alle Mitarbeiter	Alle Beschäftigungsdaten	l,s,k	12.04.2017
	alle unterstellten Mitarbeiter	alle Beschäftigungsdaten	l,s,k	01.07.2015
	Alle Mitarbeiter	alle Gehaltsdaten und Zeiterfassungsdaten	k	01.08.2017 - 31.03.2018
	Alle Mitarbeiter	alle Gehaltsdaten und Zeiterfassungsdaten	l,s,k	01.01.2019
	Alle Mitarbeiter	alle Gehaltsdaten und Zeiterfassungsdaten	l	01.09.2017-31.08.2020

Tabelle 1: Beispiel eines einfachen Berechtigungskonzeptes

Rollenkonzept

Rolle	Personengruppen	Daten	Zugriffsart
Personalsachbearbeiter	Alle Mitarbeiter	Alle Beschäftigungsdaten	l,s,k
Personalsachbearbeiter Azubi	Alle Mitarbeiter	Alle Beschäftigungsdaten	l
Buchhaltung	Alle Mitarbeiter	alle Gehaltsdaten und Zeiterfassungsdaten	l,s,k
Prüfer Buchhaltung	Alle Mitarbeiter	alle Gehaltsdaten und Zeiterfassungsdaten	k
Beurteilender	alle unterstellten Mitarbeiter	alle Beschäftigungsdaten	l,s,k
Prüfer Beurteilung	alle unterstellten Mitarbeiter	alle Beschäftigungsdaten	k

Tabelle 2: Beispiel eines Rollenkonzeptes

Berechtigungskonzept

Stelle	Rolle	Vertreterstelle	Rolle	Gültigkeit
Leiter Personal	1. Personalsachbearbeiter 2. Beurteilender	Leiter Buchhaltung	Personalsachbearbeiter Azubi	01.01.2018 - 31.12.2019
Personalsachbearbeiter A	Personalsachbearbeiter	Personalsachbearbeiter B	Personalsachbearbeiter	12.04.2017
Personalsachbearbeiter B	Personalsachbearbeiter	Personalsachbearbeiter C	Personalsachbearbeiter	01.01.2018
Personalsachbearbeiter C	Personalsachbearbeiter	Personalsachbearbeiter A	Personalsachbearbeiter	01.04.2016
Leiter Produktion	Beurteilender			01.07.2015
Leiter Buchhaltung	Prüfer Buchhalter	Leiter Personal	Prüfer Buchhalter	01.08.2017 - 31.03.2018
Buchhalter A	Buchhalter	Buchhalter B	Buchhalter	01.01.2019
Buchhalter B	Buchhalter	Buchhalter A	Buchhalter	01.04.2018

Tabelle 3: Beispiel eines Berechtigungskonzeptes, basierend auf einem Rollenkonzept

9.3.5 Schutzmaßnahmen zur Verfügbarkeit und Belastbarkeit

Der Verantwortliche muss sicherstellen, dass die personenbezogenen Daten der Betroffenen jederzeit verfügbar sind. Eine unbeabsichtigte Löschung oder Veränderung, der Diebstahl der Daten oder auch eine vorübergehende Nichterreichbarkeit stellen einen Verstoß gegen den Art. 32 DSGVO dar. Folgende Maßnahmen dienen dazu, die Unternehmensdaten vor beabsichtigter oder unbeabsichtigter Zerstörung zu schützen.

- Backup (Datensicherung) - mindestens zwei Sicherungen
- Sichere Aufbewahrung der Datensicherungen
- Nutzung einer Unterbrechungsfreien Stromversorgung (USV)
- Erstellung eines Notfallplanes, wie die Daten wiederhergestellt werden können und wie vorübergehend weitergearbeitet werden kann
- Nutzung von Antivirensoftware

Das Backup der Daten kann sehr unterschiedlich realisiert werden. Gerade kleine Unternehmen setzten häufig auf mobile Festplatten.

<u>Häufige Praxislösung:</u>

Einmal in der Woche werden alle Daten auf eine externe Festplatte kopiert. Der Geschäftsführer nimmt die Festplatte mit nach Hause und in der folgenden Woche wiederholt sich der Sicherungsablauf.

Dieses Vorgehen ist nicht verwerflich. Trotzdem bietet dieser Ablauf noch sehr viel Verbesserungspotenzial:

1. Eine Datensicherung ist zu wenig. Festplatten sind anfällig für Störungen oder Fehler. Eine mobile Festplatte kann schnell verloren gehen oder gar gestohlen werden. Daher sollten mindestens zwei, besser drei Datensicherungen existieren. Diese drei Datensicherungen sollten im wöchentlichen Wechsel genutzt werden. Jede Woche wird die Festplatte gewechselt. Wenn sich ein Trojaner in die Unternehmensdaten geschlichen hat, dann befindet sich dieser Trojaner mit großer Wahrscheinlichkeit auch in der Datensicherung. Dieses Backup ist also nicht mehr zu gebrauchen. Hat das Unternehmen aber ein Backup von einem Zeitpunkt vor dem Trojanerbefall, dann können die Daten u.U. wiederhergestellt werden.

2. Die Lagerung der mobilen Festplatte in den Privaträumen der Geschäftsführung ist riskant. Der Verantwortliche muss sicherstellen, dass die Daten dort sicher verwahrt werden und keinen unberechtigten Dritten offengelegt werden können. Die Lagerung in einem Safe oder mindestens in einem abschließbaren Schrank entspricht den Schutzanforderungen der DSGVO und des BSI.

3. Alle mobilen Speichermedien sind zu verschlüsseln. Geht die Festplatte verloren oder wird sie gestohlen, können Unberechtigte diese Daten nicht abrufen. Eine Datenpanne kann damit verhindert werden.

4. Das zuvor beschriebene Vorgehen hängt wieder sehr stark von der Zuverlässigkeit des Mitarbeiters ab, der

die Datensicherung durchführt. Wenn die Sicherung fehlschlägt oder vergessen wird, kann das immense Auswirkungen auf das Unternehmen haben. Daher sollten solche Prozesse, wenn möglich, automatisiert ablaufen. Es gibt bereits schöne und bezahlbare Lösungen auch für die kleinsten Unternehmen. Sehr beliebt ist auch die Datensicherung über einen Cloudanbieter. Allerdings birgt diese Art der Datensicherung eigentlich fast mehr Nachteile, als Vorteile und ist selten datenschutzkonform zu realisieren[21].

Was ist eine Unterbrechungsfreie Stromversorgung (USV)?

Eine USV ist eine Art Batterie, die wichtige Hardware also z.B. einen Server bei einem Stromausfall noch eine kurze Zeit mit Strom versorgen kann. Gleichzeitig sendet die USV einen Befehl an diese Geräte, damit sie ordnungsgemäß ihr System herunterfahren. Bei einem abrupten Stromausfall können Daten vernichtet werden und Daten, die nur im flüchtigen Speicher vorhanden sind, gehen verloren. Eine USV kann den Verlust verhindern.

Was ist eine Firewall?

Eine Firewall ist ebenfalls ein Gerät (Hardware) mit einer ganz speziellen Software, die verhindern soll, dass Unberechtigte von außen in des Unternehmensnetzwerk eindringen. Die Firewall ist das Eintrittstor zum Unternehmensnetzwerk mit entsprechenden Wächtern. Alle Geräte (z.B. Rechner oder Server) werden an die Firewall

---

[21] Die Nutzung von Clouddiensten wird im Lehrbuch Expertenwissen behandelt.

angeschlossen und der Datenaustausch nach außen wird darüber sichergestellt. Ein einfacher Router z.B. (Fritz-Box) kann mittlerweile auch die Funktion einer Firewall übernehmen, da das Gerät die entsprechende Software mit an Bord hat. Die Firewall kann auch eine verschlüsselte Remoteverbindung (VPN) zu einem berechtigten Endgerät (PC, Smartphone, Tablet) herstellen. Unternehmen, die mehrere PCs miteinander vernetzen wollen und gleichzeitig einen Datentransfer außerhalb des Unternehmens benötigen, sollten aber nicht auf die Sicherheit eines Routers setzen, sondern eine zuverlässige Hardware-Firewall nutzen.

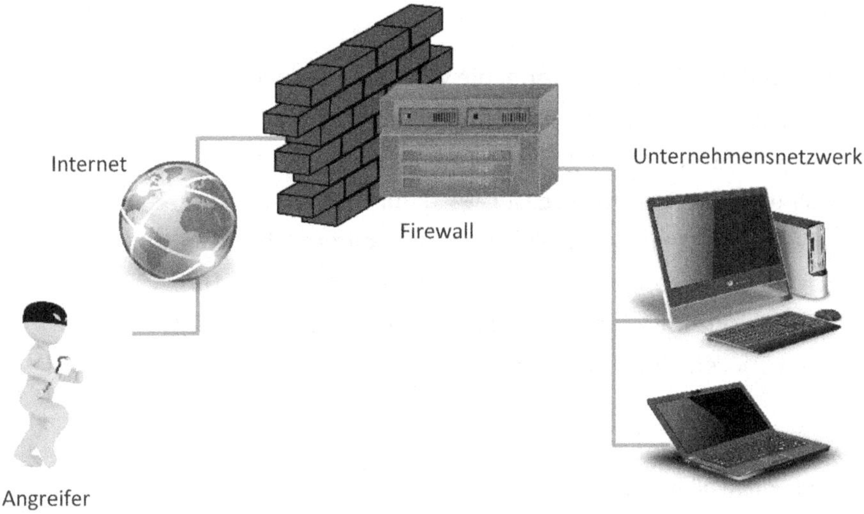

Abbildung 27: Einbindung einer Firewall in das Unternehmensnetzwerk

9.3.6 Schutzmaßnahmen zur Wiederherstellung

Hat das Unternehmen entsprechende Sicherheitsvorkehrungen getroffen und regelmäßige Datensicherungen angefertigt, dann geht es an die Wiederherstellung der Daten. Wie bereits in den anderen Schutzzielen angesprochen, sollte ein Notfallplan für solche Situationen vorliegen. Ist erst einmal der Fall eingetreten, dass das Unternehmen z.B. von einem Trojaner in Form einer Ransomware [22] betroffen ist, dann muss alles ganz schnell gehen. Jeder Mitarbeiter hat zur Abhilfe entsprechende Aufgaben zu übernehmen, um den Schaden möglichst gering zu halten. Nachdem eine Ausbreitung gestoppt wurde, muss das komplette System bereinigt werden. Das kann bis zu mehreren Wochen Zeit in Anspruch nehmen. In dieser Zeit muss das Unternehmen aber im Notbetrieb weiterlaufen. Auch dafür sollten entsprechende Pläne im Notfallkonzept verzeichnet sein (Ausweichprozesse dokumentieren).

9.3.7 Schutzmaßnahmen zum Test der Wirksamkeit

Der Art. 32 der DSGVO fordert zudem, dass der Verantwortliche technische und organisatorische Maßnahmen entwickelt, die die Wirksamkeit aller anderen TOMs testen.

Organisatorische Maßnahme:

- Regelmäßiges internes Audit zur Überwachung der Einhaltung der TOMs

Technische Maßnahme:

- Penetrationstest (Belastbarkeitstests) der Hard- und Software

9.4 Wie werden Daten richtig vernichtet?

Auch bei der Vernichtung von Daten können Verantwortliche und die Mitarbeiter viel falsch machen und dadurch eine Datenpanne und Infolgedessen ein Bußgeld auslösen. Daher sollten Mitarbeiter unbedingt darin geschult werden, wie Daten richtig zu vernichten sind. Hier müssen wir aber zwischen analogen Daten und digitalen

---

[22] Siehe Kapitel 7.4

Daten unterscheiden. Personenbezogene Daten auf Papier (z.B. Akten, Notizen, Schmierpapier) dürfen nicht einfach über den Papierkorb entsorgt werden. Häufig sind sich Mitarbeiter an dieser Stelle sicher, dass das Zerreißen von Unterlagen völlig ausreicht. Das ist ein großer Irrtum. Je nach Kategorie der Daten, müssen die Unterlagen so weit zerkleinert werden, dass die Schnipsel nachher nur noch eine bestimmte Größe aufweisen.

Unterlagen der Schutzklasse 1 müssen so vernichtet werden, dass nur noch 12mm breite Streifen übrigbleiben. Bei der Schutzklasse 2 sind es nur noch 6mm breite Streifen. Papierunterlagen ab der Schutzklasse 3 müssen nach der Vernichtung den sogenannten „cross-cut" aufweisen. Es reicht also nicht mehr aus, dass Streifen geschnitten werden, sondern diese Streifen müssen noch einmal quer zerschnitten werden. Wer hat sich das ausgedacht? Diese Vorgaben stammen aus der DIN 66933. Daher ist es sehr wichtig, dass der Verantwortlich erst einmal prüft, welche Kategorie von Daten im Unternehmen verarbeitet werden. Danach muss die passende Sicherheitsstufe ermittelt werden. Für jede dieser Sicherheitsstufen gibt es dann den passenden Aktenvernichter. Eine Aufgabe des Datenschutzbeauftragten ist es nun zu prüfen, ob in der Einrichtung der richtige Aktenvernichter (Schredder) bereitsteht.

Sicherheitsstufe	Datenkategorie	Beispiele
1	Allgemeine Daten, meist öffentlich zugänglich.	Prospekte, Flyer
2	Interne Daten, aber ohne konkreten Personenbezug.	Arbeitsanweisungen, Stellenpläne, Formulare
3	Sensible und vertrauliche Daten.	Angebote, Lieferscheine, Rechnungen, allgemeiner Schriftverkehr
4	Besonders sensible und vertrauliche Daten.	Personaldaten, Bilanzen, Verträge
5	Geheime Daten	Medizinische Daten, Patente, Strategiepläne,
6	Geheime Hochsicherheitsdaten mit einem großen Sicherheitsrisiko	Einwicklungsdaten, staatliche Notfallpläne, Forschungsdaten
7	Daten der Geheimdienste und des Militärs	

9.5 Welchen Gefahren sind Daten ausgesetzt?

Unternehmen, egal welcher Größe, sind täglich einer realen Bedrohung ausgesetzt. Jede Woche nehmen die Angriffe auf Unternehmen und ihre Daten zu und die Aggressivität der Angriffe steigt. Hacker gehen nicht immer so plump vor, wie wir es vielleicht aus zahlreichen E-Mails kennen:

Bürger haben eine E-Mail erhalten, in der von einem angeblichen Erbe eines nigerianischen Prinzen berichtet wird. Das Erbe soll mehrere Millionen hoch sein. Der Absender erbittet die Bankdaten des mutmaßlichen Erbens, um das Geld zu transferieren.

Auch wenn diese Masche schon „meilenweit nach Betrug riecht“, fallen immer noch genügend Empfänger darauf herein. Aber die Geschichten sind mittlerweile viel ausgereifter.

Wie kommen Hacker an Daten?

Phishing	**Man in the Middle**	**Brute-Force**	**CEO Fraud**
durch Manipulation per E-Mail an Daten kommen	Anfangen von Daten zwischen 2 Geräten (z.B. Online-Banking)	Wildes Probieren verschiedener Passwörter (automatisch)	Verwenden falscher Identitäten in E-Mails

Abbildung 28: Übersicht verschiedener Angriffsmethoden

So belauschen Hacker beim CEO-Fraud tagelang die Kommunikation zwischen den Mitarbeitern. Sie eignen sich den Umgangston der Mitarbeiter an, spähen die E-Mail-Signatur der Geschäftsführung aus und warten auf den richtigen Moment.

Beispiel:

Der Geschäftsführer ist auf Dienstreise unterwegs und die Hacker schlagen zu. Die Hacker versenden mit einer täuschend echten E-Mail-Adresse im Namen des Geschäftsführers eine Nachricht an alle Mitarbeiter. Die Mitarbeiter verifizieren die Echtheit der E-Mail dadurch, weil sie die Signatur des Geschäftsführers erkennen. Außerdem wurde die E-Mail in der üblichen Wortwahl des Geschäftsführers geschrieben. Inhalt der Nachricht ist ein neues Zeiterfassungssystem, welches online die Arbeitszeiten erfasst. Dazu müssen die Mitarbeiter auf einen entsprechenden Link klicken und ihre Mitarbeiterdaten einpflegen. Die Hacker haben dann die gewünschten Daten oder durch das Anklicken des Links den Zugang zum Unternehmen erbeutet.

Natürlich sind diese Angriffe gezielt. Aber viele andere Gefahren basieren auch auf willkürlichen Angriffen, wie z.B. das Phishing. Dabei werden anfänglich plausibel klingende E-Mail-Nachrichten wild verteilt.

Beispiel:

Vermeintliche E-Mails von Kreditinstituten warnen den Empfänger, dass er Opfer eines Betruges geworden sei. Um den Vorgang zu prüfen wird der Empfänger aufgefordert einem Link zu folgen. Alle Phishing-Mails haben gemeinsam, dass sie den Empfänger nötigen einen Link zu betätigen und mit fadenscheinigen Begründungen unter Druck gesetzt werden, dies schnell zu tun. Über den Link wird dann häufig ein Schadprogramm (Virus, Trojaner) aktiviert. Viele verschiedene Beispiele finden Sie auch auf der Webseite des Bundesamts für Sicherheit in der Informationstechnik (bsi.de).

Trojaner

Versteckte oder getarnte Programme, die schädliche Aktionen ausführen.

Adware

Werden oft gleichzeitig zu kostenfreien Programmen mitinstalliert. Lösen z.B. Werbeanzeigen aus oder zeichnen z.T. auch das Nutzerverhalten auf.

Spyware

Zeichnen das Nutzerverhalten auf. Nutzer werden ausgespäht.

Ransomware

Besondere Form des Trojaners. Verschlüsselt oder zerstört Daten auf dem PC. Häufig verbunden mit einer Lösegelderpressung.
Beispiele: WannaCry, Emotet, Bundespolizei-Trojaner
Gelangen über eine Phishing-Mail in das Unternehmen.

Aktuelle Tricks der Hacker

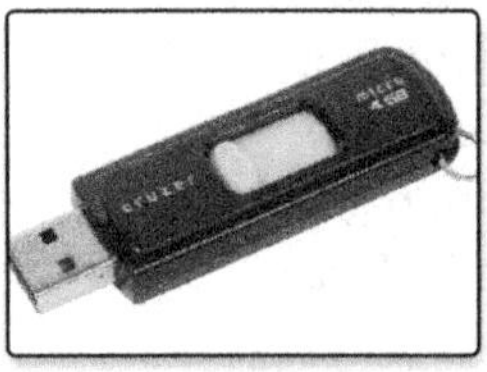

USB Sticks

Schadsoftware startet sobald der USB Stick an einem PC angeschlossen wird!

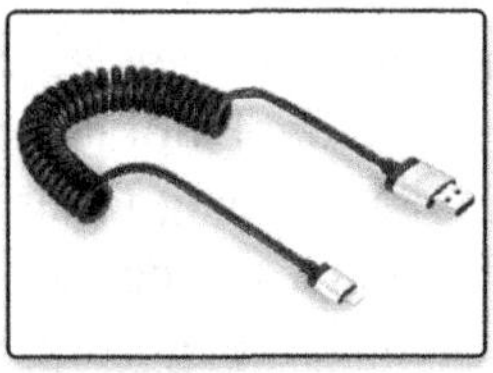

USB Kabel

Werden bereits mit Schadsoftware verkauft.

Funkmaus & -tastatur

Eingaben von Funkmaus- oder Funktastaturen von Logitech können abgefangen bzw. manipuliert werden.

Abbildung 29: Übersicht aktueller Angriffsmethoden mittels Hardware

9.6 Privacy-by-Design & Privacy-by-Default

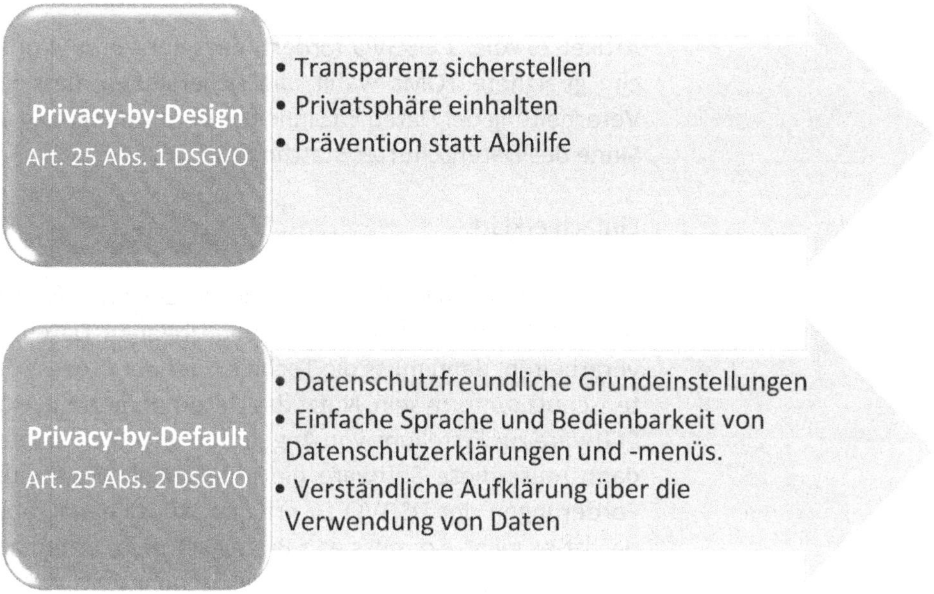

Art. 25 Abs. 1 DSGVO

Unter Berücksichtigung des Stands der Technik, der Implementierungskosten und der Art, des Umfangs, der Umstände und der Zwecke der Verarbeitung sowie der unterschiedlichen Eintrittswahrscheinlichkeit und Schwere der mit der Verarbeitung verbundenen Risiken für die Rechte und Freiheiten natürlicher Personen trifft der Verantwortliche sowohl zum Zeitpunkt der Festlegung der Mittel für die Verarbeitung als auch zum Zeitpunkt der eigentlichen Verarbeitung geeignete technische und organisatorische Maßnahmen – wie z. B. Pseudonymisierung –, die dafür ausgelegt sind, die Datenschutzgrundsätze wie etwa Datenminimierung wirksam umzusetzen und die notwendigen Garantien in die Verarbeitung aufzunehmen, um den Anforderungen dieser

Verordnung zu genügen und die Rechte der betroffenen Personen zu schützen.

Artikel 25 Abs. 1 DSGVO fordert, dass der Verantwortliche geeignete TOMs wählt, die sicherstellen, dass die Verarbeitung der Daten im Sinne der Verordnung, also im Sinne des Datenschutzes stattfindet.

Einfach erklärt:

Setzt der Verantwortliche technische oder organisatorische Mittel ein, um die personenbezogenen Daten zu verarbeiten, dann muss die Technik oder der Prozess datenschutzkonform sein. Nutzt das Unternehmen z.B. eine Software zur Erstellung von Angeboten und Rechnungen, dann muss diese Software die Möglichkeit bieten, die Forderungen der DSGVO zu erfüllen. Klingt banal, aber das ist es nicht. So muss es z.B. möglich sein, Daten aus dem System zu löschen (Recht auf Löschung gem. Art. 17 DSGVO) oder die Daten an einen Mitbewerber zu übertragen (Recht auf Datenübertragbarkeit gem. Art. 20 DSGVO). Hier kommen in der Praxis einige Techniken an ihre Grenzen. Das bedeutet aber dann im Endeffekt, dass Verantwortliche diese Technik nicht nutzen dürften. Deshalb ist es enorm wichtig, bei der Auswahl neuer Hard- und Software den Datenschutzbeauftragten unbedingt zu involvieren.

Siehe dazu auch den EG 78

Erwägungsgrund 78

...

[4]In Bezug auf Entwicklung, Gestaltung, Auswahl und Nutzung von Anwendungen, Diensten und Produkten, die entweder auf der Verarbeitung von personenbezogenen Daten beruhen oder zur Erfüllung ihrer Aufgaben personenbezogene Daten verarbeiten, sollten die Hersteller der Produkte, Dienste und Anwendungen ermutigt

werden, das Recht auf Datenschutz bei der Entwicklung und Gestaltung der Produkte, Dienste und Anwendungen zu berücksichtigen und unter gebührender Berücksichtigung des Stands der Technik sicherzustellen, dass die Verantwortlichen und die Verarbeiter in der Lage sind, ihren Datenschutzpflichten nachzukommen.

25 Abs. 2 DSGVO

[1]Der Verantwortliche trifft geeignete technische und organisatorische Maßnahmen, die sicherstellen, dass durch Voreinstellung nur personenbezogene Daten, deren Verarbeitung für den jeweiligen bestimmten Verarbeitungszweck erforderlich ist, verarbeitet werden. [2]Diese Verpflichtung gilt für die Menge der erhobenen personenbezogenen Daten, den Umfang ihrer Verarbeitung, ihre Speicherfrist und ihre Zugänglichkeit. [3]Solche Maßnahmen müssen insbesondere sicherstellen, dass personenbezogene Daten durch Voreinstellungen nicht ohne Eingreifen der Person einer unbestimmten Zahl von natürlichen Personen zugänglich gemacht werden.

Artikel 25 Abs. 2 DSGVO beschäftigt sich mit dem Grundsatz Privacy-by-Default. Dabei geht es darum, dass die verwendete Technik so voreingestellt ist, dass der Datenschutz unterstützt wird. So darf es nicht sein, dass z.B. Bewegungsdaten bei der Benutzung einer App standardmäßig an den Hersteller übermittelt werden und nur durch Anpassung durch den User deaktiviert wird. Dies ist nicht im Sinne des Art. 25 DSGVO. Die Übertragung muss von Anfang an deaktiviert sein und der Betroffene hat dann die Möglichkeit die Datenschutzeinstellungen zu ändern.

9.7 Kontrollfragen zu Kapitel 9

Gemäß der DSGVO und des BDSG sind alle Stellen, welche personenbezogene Daten verarbeiten, erheben oder nutzen verpflichtet, technische und organisatorische Maßnahmen zu treffen, um zu gewährleisten, dass die Sicherheits- und Schutzanforderungen erfüllt sind.

1. Im Konzept zur Zugangskontrolle ist eine biometrische Benutzeridentifikation vorgesehen. Was ist darunter zu verstehen?

   - ☐ Geräte prüfen die Legitimation von Personen anhand von einzigartigen persönlichen Merkmalen, wie z.B. Stimmenerkennung.
   - ☐ Geräte, wie z.B. Kartenleser regeln den Zugang zu Datenverarbeitungsanlagen. Nur wenn die befugte Person die passende Magnetkarte besitzt, wird der Zugang gewährt.
   - ☐ Nur durch die Kombination eines Benutzernamens mit Passwort wird der Zugang gewährt.
   - ☐ Personal eines Sicherheitsunternehmens kontrolliert die Legitimation einer Person.

2. Wie vernichten Sie Datenträger mit personenbezogenen Daten sicher?

   - ☐ Dokumente kann man über jeden Schredder sicher vernichten.
   - ☐ Bei digitalen Daten reicht das Formatieren des Datenträgers aus.
   - ☐ Datenträger können über den Restmüll entsorgt werden, da der Müll in der Müllverbrennungsanlage verbrannt wird und die Daten so sicher vernichtet werden.
   - ☐ Dokumente müssen, vor der Entsorgung über den Papiermüll, mehrmals zerrissen werden.
   - ☐ Datenträger werden mit einem Schredder oder über die Entsorgung in einer Datenschutztonne (mit entsprechender Sicherheitsstufe) sicher vernichtet.

3. Was versteht man unter Zugriffskontrolle?

☐ Unbefugten ist der Zutritt zu Datenverarbeitungsanlagen, mit denen personenbezogene Daten verarbeitet oder genutzt werden, zu verwehren.
☐ Es ist zu verhindern, dass Datenverarbeitungssysteme von Unbefugten genutzt werden können.
☐ Es ist zu gewährleisten, dass die zur Benutzung eines Datenverarbeitungssystems Berechtigten ausschließlich auf die ihrer Zugriffsberechtigung unterliegenden Daten zugreifen können und dass personenbezogene Daten bei der Verarbeitung, Nutzung und nach der Speicherung nicht unbefugt gelesen, kopiert, verändert oder entfernt werden können.
☐ Es ist zu gewährleisten, dass nachträglich überprüft und festgestellt werden kann, ob und von wem personenbezogene Daten in Datenverarbeitungssysteme eingegeben, verändert oder entfernt worden sind.

4. Welche Aussagen zu Datenschutz und Datensicherheit sind korrekt?

☐ Datensicherheit regelt und gewährleistet z.B. die Wiederherstellbarkeit von automatisierten Daten.
☐ Datensicherheit, im Sinne der DSGVO, schützt die Rechte der Verantwortlichen und soll Sicherheitsrisiken minimieren.
☐ Datenschutz schützt den Betroffenen vor missbräuchliche Verwendung seiner Daten.
☐ Datensicherheit gewährleistet, dass alle personenbezogenen Daten jederzeit für jeden abrufbar sind.
☐ Datenschutz stellt sicher, dass alle elektronischen Daten sicher in einem Aktenschrank aufbewahrt werden.
☐ Datenschutz ist ein verfassungsrechtlich geschütztes Recht auf informationelle Selbstbestimmung.

5. Für was steht die Abkürzung USV?

- ☐ Universelle Stromversorgung
- ☐ Unterbrechungsfreie Stromversorgung
- ☐ Unabhängiges System für Virenschutz
- ☐ Unabhängige Softwareversorgung
- ☐ Unberechtigter Systemvorfall

6. Welche Aussagen über Anti-Virenprogramme sind richtig?

- ☐ Es sorgt dafür, dass Betroffene das Internet anonym nutzen können.
- ☐ Es regelt den Zugang zum internen Unternehmensnetzwerk und verhindert unberechtigte Zugriffe. (= z.B. Firewall)
- ☐ Dateien und E-Mails werden vor der Nutzung gescannt und auf Viren geprüft.
- ☐ Es bewertet mögliche Risiken einer geplanten Verarbeitungstätigkeit.
- ☐ Die Zuverlässigkeit der Programme hängt von der Aktualität ab.
- ☐ Die Nutzung eines Anti-Virenprogramms gehört zu den technischen- und organisatorischen Maßnahmen.

7. Welche der folgenden Szenarien beinhalten Risiken, die den Schutz der personenbezogenen Daten des Unternehmens beeinträchtigen könnten.

- ☐ Alle Besucher können das unverschlüsselte WLAN des Unternehmens nutzen.
- ☐ Besucher, die sich bereits auskennen, dürfen ohne Begleitung durch das Unternehmen laufen.
- ☐ Die Mitarbeiter dürfen ihr privates Smartphone am Arbeitsplatzrechner per USB aufladen.
- ☐ Die Mitarbeiter der Personalabteilung dürfen bei Überstunden Personalunterlagen mit nach Hause nehmen.
- ☐ Der Betriebsrat nutzt für den Zugang zum Betriebsrat-Rechner einen Token für eine 2-Faktor-Authetifizierung.

8. Was ist mit Privacy-by-Default gemeint?

- ☐ Jeder Verantwortliche darf nur solche Verarbeitungssysteme nutzen, deren Technik den Datenschutz unterstützt.
- ☐ Es handelt sich um sogenannte Standarddatenschutzklauseln, die zwischen Unternehmen der USA und der EU geschlossen wurden.
- ☐ Damit ist eine verschlüsselte Remoteverbindung zum Unternehmensnetzwerk gemeint.
- ☐ Systeme, mit denen personenbezogene Daten verarbeitet werden, müssen datenschutzkonforme Voreinstellungen mitbringen.

9. Welche der folgenden Maßnahmen sind dazu geeignet eine Zutrittskontrolle im Rahmen der Vertraulichkeit nach Art. 32 DSGVO zu erfüllen?

- ☐ Schlüsselvergabe inklusive Schlüssel- und Schließkonzept
- ☐ Verschlüsselung der Webseite
- ☐ Videoüberwachung
- ☐ Anti-Virensoftware
- ☐ Phishing

10. Wie können Mitarbeiter ihren Arbeitsplatz gegen eine unbefugte Offenlegung personenbezogener Daten schützen?

- ☐ Durch Abschließen der Bürotür, nachdem das Büro verlassen wurde.
- ☐ Durch das Sperren des PC, wenn Sie ihren Arbeitsplatz oder den Raum verlassen.
- ☐ Durch Umdrehen der Dokumente auf dem Schreibtisch beim Verlassen des Arbeitsplatzes.
- ☐ Bei Abwesenheiten beaufsichtigen die Kollegen den Arbeitsplatz.
- ☐ Durch die Verwendung von sicheren Passwörtern am PC.

10. Quellen im Datenschutz

Als Datenschutzbeauftragter ist es außerordentlich wichtig sich ständig über Änderungen im Datenschutz zu informieren. Besonders die Datenschutz-Grundverordnung ist eine Rechtsvorschrift, die viele Lücken und manchmal unklare Vorgaben beinhaltet. Deshalb erlassen Verbände, Ausschüsse oder auch Aufsichtsbehörden Richtlinien, geben Stellungnahmen ab oder stellen Vorlagen und Orientierungshilfen zur Verfügung. Um Ihnen die zukünftige Arbeit etwas zu erleichtern, finden Sie in diesem Kapitel die wichtigsten Quellen für Informationen rund um den Datenschutz. Dieses Kapitel stellt Ihnen ein paar Beispiele bekannter Informationsquellen vor. Da ich als Autorin unabhängig bin und bleiben möchte, stellen die hier aufgeführten Informationsquellen keinerlei Werbung für Produkte oder Dienstleistungen dar.

Neben den hier vorgestellten Informationsquellen gibt es zahlreiche andere Angebote, die in Anspruch genommen werden können. Dieses Kapitel dient der groben Darstellung der verschiedenen Möglichkeiten der Informationsbeschaffung, die durch Beispielquellen veranschaulicht werden und kostenfrei durch öffentliche Stellen zur Verfügung gestellt werden. Des Weiteren erfahren Sie in diesem Kapitel mehr über die Verbände und Gruppen des Datenschutzes, sowie deren Aufgaben und Ziele.

Die Datenschutzkonferenz (DSK)

Alle Aufsichtsbehörden der einzelnen Bundesländer sowie der Bundesbeauftragte für den Datenschutz entsenden einen Mitarbeiter in die DSK. Dieser Zusammenschluss der Behörden soll die Weiterentwicklung des Datenschutzrechtes auf europäischer und auf nationaler Ebene fördern.

Zusätzlich wurden themenbezogene Arbeitskreise gebildet.

Die Mitglieder der DSK treffen sich mindestens zweimal jährlich, um Beschlüsse zu fassen, Stellungnahmen abzugeben, Orientierungshilfen oder Vorlagen zu gestalten. Sowohl die Beschlüsse als auch die Stellungnahmen haben zwar keine rechtliche Bindung, werden aber häufig bei Gerichtsurteilen herangezogen.

Die Ergebnisse können auf der Webseite eingesehen werden:
https://datenschutzkonferenz-online.de

Die Artikelgruppe 29

Die Artikelgruppe 29 war ein Zusammenschluss aller europäischen Datenschutzbehörden. Angelehnt an die DSK, die nur national tätig ist, war die Artikelgruppe 29 auf europäischer Ebene tätig. Dieser Zusammenschluss wurde aufgrund von Art. 29 der alten Datenschutzrichtlinie von 1995 gegründet. Deren Aufgabe war es, ebenfalls die einzelnen Forderungen der Datenschutzrichtlinie zu konkretisieren. Die Ergebnisse wurden in sogenannten Working-Papern oder Leitlinien zusammengefasst und veröffentlicht. Die alten Veröffentlichungen können über die Webseite der DSK eingesehen werden und haben auch heute noch eine grundlegende Bedeutung. Die Artikelgruppe 29 wurde 2018 durch den Europäischen Datenschutzausschuss (EDSA) abgelöst

Der Europäischen Datenschutzausschuss (EDSA)

Der EDSA wurde im Rahmen der DSGVO aufgrund der Forderungen aus Art. 68 eingerichtet.

Art. 68 DSGVO

(1) Der Europäische Datenschutzausschuss (im Folgenden „Ausschuss“) wird als Einrichtung der Union mit eigener Rechtspersönlichkeit eingerichtet.
(2) Der Ausschuss wird von seinem Vorsitz vertreten.
(3) Der Ausschuss besteht aus dem Leiter einer Aufsichtsbehörde jedes Mitgliedstaats und dem Europäischen Datenschutzbeauftragten oder ihren jeweiligen Vertretern.

Jedes Mitgliedsland der EU entsendet den Leiter der Aufsichtsbehörde in den Ausschuss. Deutschland wird durch den Bundesdatenschutzbeauftragten im EDSA vertreten.
Ziel des Ausschusses ist die einheitliche Auslegung der Forderungen der DSGVO. Wie alle anderen Zusammenschlüsse erarbeiten die Mitglieder gemeinsame Leitlinien, Empfehlungen und Stellungnahmen. Sie beraten zudem die Europäische Kommission und erarbeiten einheitliche Zertifizierungsstandards. Auch die Ergebnisse des EDSA entwickeln keine unmittelbare Rechtswirkung, dennoch stützt sich die Arbeit der Aufsichtsbehörden und der Datenschutzbeauftragten darauf.
https://edpb.europa.eu/edpb_de

engl. European Data Protection Board (EDPB)

Aufsichtsbehörden

Als Datenschutzbeauftragter sollten sie den engen Kontakt mit der zuständigen Aufsichtsbehörde pflegen. Aufgrund der Flut von Anfragen und des Umfangs an Aufgaben der Behörde ist ein persönlicher Kontakt selten möglich. Dennoch führen einige Behörden regelmäßige Vorträge und Schulungen durch, die es Ihnen ermöglicht die Arbeit und Mitarbeiter der Behörde kennen zu lernen. Des

Weiteren stellen die Aufsichtsbehörden über ihre Webseiten verschiedene Informationen, Vorlagen und Hilfestellungen zur Verfügung. Bevor Sie selbst Dokumente erstellen oder Vorlagen gestalten, sollten Sie sich über die Angebote der verschiedenen Aufsichtsbehörden informieren. Die Behörden in Deutschland arbeiten grundsätzlich unabhängig voneinander, so dass die Angebote der Webseiten sehr unterschiedlich ausfallen. Nehmen Sie sich Zeit die Informationen zu sammeln, es lohnt sich.

Bundesland	**Informationsangebot**
Bayern	Muster Verarbeitungsverzeichnisse
Berlin	Stellungnahmen und Untersuchung zur Verwendung von Microsoft Windows und Office Produkten
Hamburg	Beschäftigtendatenschutz, Handreichungen für Ärzte
Schleswig-Holstein	Virtuelles Datenschutzbüro
Rheinland-Pfalz	Datenschutz und Medienkompetenz für Kinder und Jugendliche „Young Data", Datenschutz in Kindergärten und Schulen
Thüringen	Videoüberwachungen, Telemedien
Sachsen	Datenschutz in der Coronapandemie
Hessen	Schulungsangebote
...	...

Tabelle 4: Beispiele des Informationsangebotes der Aufsichtsbehörden in Deutschland

Datenschutzverbände

Es gibt in Deutschland einige sehr gute und etablierte Verbände für den Datenschutz. Darin vereinigen sich extern und intern tätige Datenschutzbeauftragte. Ziel der Mitgliedschaft ist der informative Austausch, gegenseitige Unterstützung oder auch die Teilnahme an interessanten Vorträgen und Schulungen, die nicht zuletzt der eigenen Weiterbildung[23] dienen.

Urteile

Datenschutzbeauftragte sollten sich regelmäßig über Urteile im Zusammenhang mit dem Datenschutz informieren. Einige Urteile werden über Aufsichtsbehörden, Verbände oder über Netzwerke veröffentlicht und kommentiert. Eine komplette Sammlung aller Urteile in unveränderter Fassung erhalten Sie direkt über die Webseiten der zuständigen Gerichte oder über z.B. *openjur.de* oder *beck-online.beck.de* (kostenpflichtig).

---

[23] Jährliche Weiterbildungen sind zum Erhalt der Fachkompetenz notwendig. Siehe Lehrbuch „Basiswissen" Kapitel 5.2. Zertifizierungen als „Datenschutzbeauftragter" sind bei einigen Bildungsträger (z.B. TÜV) zeitlich begrenzt und werden nur mit Nachweis einer Weiterbildung verlängert.

Stiftung Datenschutz

Seit 2013 widmet sich die von der Regierung gegründete Stiftung verschiedenen datenschutzrechtlichen Themen. Im Zuge der DSGVO und besonders seit den letzten Jahren steigt das Informationsangebot stetig an. Die unabhängige Stiftung hat zur Aufgabe den Datenschutz sowohl für Unternehmen als auch Vereine und andere Einrichtungen in Deutschland einfacher und praxisnäher zu gestalten. Den Nutzern stehen Angebote wie Kurzbeschreibungen, Praxisleitfäden und Schulungen über die Webseite zur Verfügung: https://*stiftungdatenschutz.org*

11. Vorbereitung zur Abschlussprüfung

Je nach Bildungsträger und Zertifizierungsstelle müssen Sie verschiedene Prüfungen zum Datenschutzbeauftragten ablegen. Die meisten Bildungsträger prüfen die Kenntnisse mittels eines Multiple-Choice-Testes ab. Die TÜV Prüfung umfasst je nach Einrichtung (TÜV Süd, TÜV Rheinland, TÜV Nord ...) zwischen 30 und 40 Multiple-Choice-Fragen, die innerhalb von 60 bis 90 Minuten beantwortet werden müssen. Um die Abschlussprüfung zu bestehen, müssen mindestens 60% der Fragen korrekt beantwortet werden.

Die Bewertung der Antworten wird unterschiedlich gehandhabt. Einige Zertifizierungsstellen bewerten falsche Antworten mit Minuspunkten, andere Zertifizierungsstellen bewerten nur komplett vollständig beantwortete Prüfungsfragen.

Die Anzahl der richtigen Antwortmöglichkeiten in den Multiple-Choice-Aufgaben wird nicht mit angegeben. Als Hilfsmittel dürfen meist alle eigenen Notizen und der Gesetzestext genutzt werden.

Informieren Sie sich vorab über die zugrundeliegenden Prüfungsbedingungen.

Folgende Schritte helfen Ihnen bei der Vorbereitung zur Abschlussprüfung:

1. Markieren Sie sich wichtige Gesetzestexte im Gesetz z.B. mit Klebemarkern.

2. Nehmen Sie nicht zu viele Unterlagen mit, ansonsten geht Ihnen wertvolle Zeit beim Suchen verloren.

3. Arbeiten Sie spätestens zur Prüfungsvorbereitung mit dem Gesetzestext (Buch) nicht mit einem Online-Nachschlagewerk. Durch eine bequeme Onlinesuche kommen Teilnehmer häufig schneller zu Ergebnissen als über die manuelle Suche im Gesetzestext. Da in der Zertifikatsprüfung keine digitalen Hilfsmittel erlaubt sind, sollten Sie sich frühzeitig an das Arbeiten mit einem Gesetzestext gewöhnen. Ansonsten verlieren Sie wertvolle Bearbeitungszeit in der Prüfung.

4. Lesen Sie Aufgaben langsam und genau. Häufig sind einzelne Wörter in der Frage ausschlaggebend.

Beispiel:

Wann ist eine Information betroffener Personen erforderlich?

Wann ist eine Information betroffener Personen nicht erforderlich?

5. Anhand der Aufgabestellung können Sie nicht ableiten, wie viele Antworten richtig sind.

6. Üben Sie den Umgang mit Multiple-Choice Aufgaben. Nutzen Sie dazu auch die Kontrollaufgaben des Basis- und des Experten-Buches.

Die Lehrbücher können nicht alle denkbaren Fragen abdecken, sondern bereiten lediglich grundlegend auf eine Abschlussprüfung vor. Um die Zertifizierung zu erhalten, muss der Teilnehmer ein gewisses Maß an Fachwissen im Datenschutzrecht und im IT-Umfeld nachweisen. Zudem ist es die Aufgabe eines Datenschutzbeauftragten sich ständig weiterzubilden. Urteile, neue Leitlinien oder Stellungnahmen der Aufsichtsbehörden haben immerwährenden Einfluss auf die Arbeit im Datenschutz. Zusätzliche Eigeninitiative ist entscheidend für den Erfolg in der Abschlussprüfung.

Anlage 1: Entscheidungshilfe zur Auftragsverarbeitung

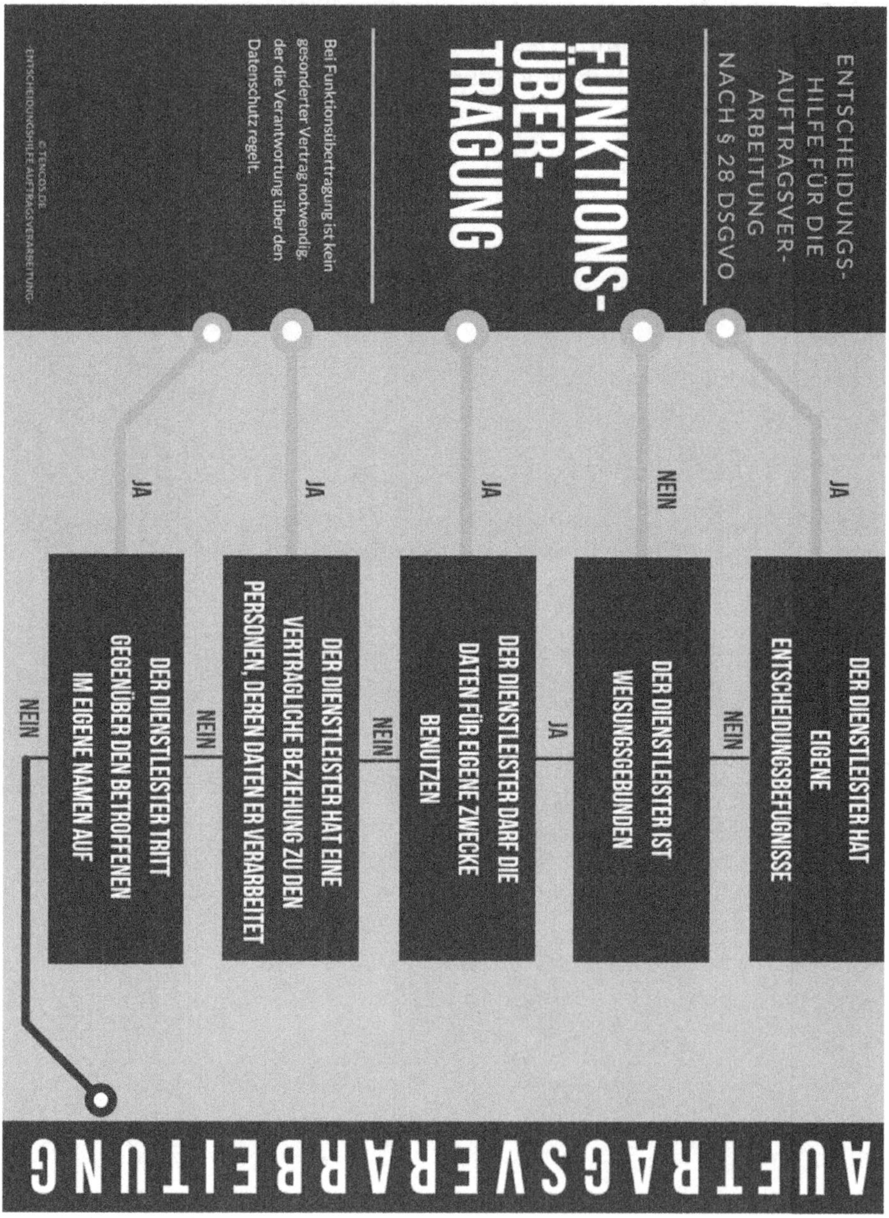

Anlage 2: Ablauf Datenschutz-Folgenabschätzung

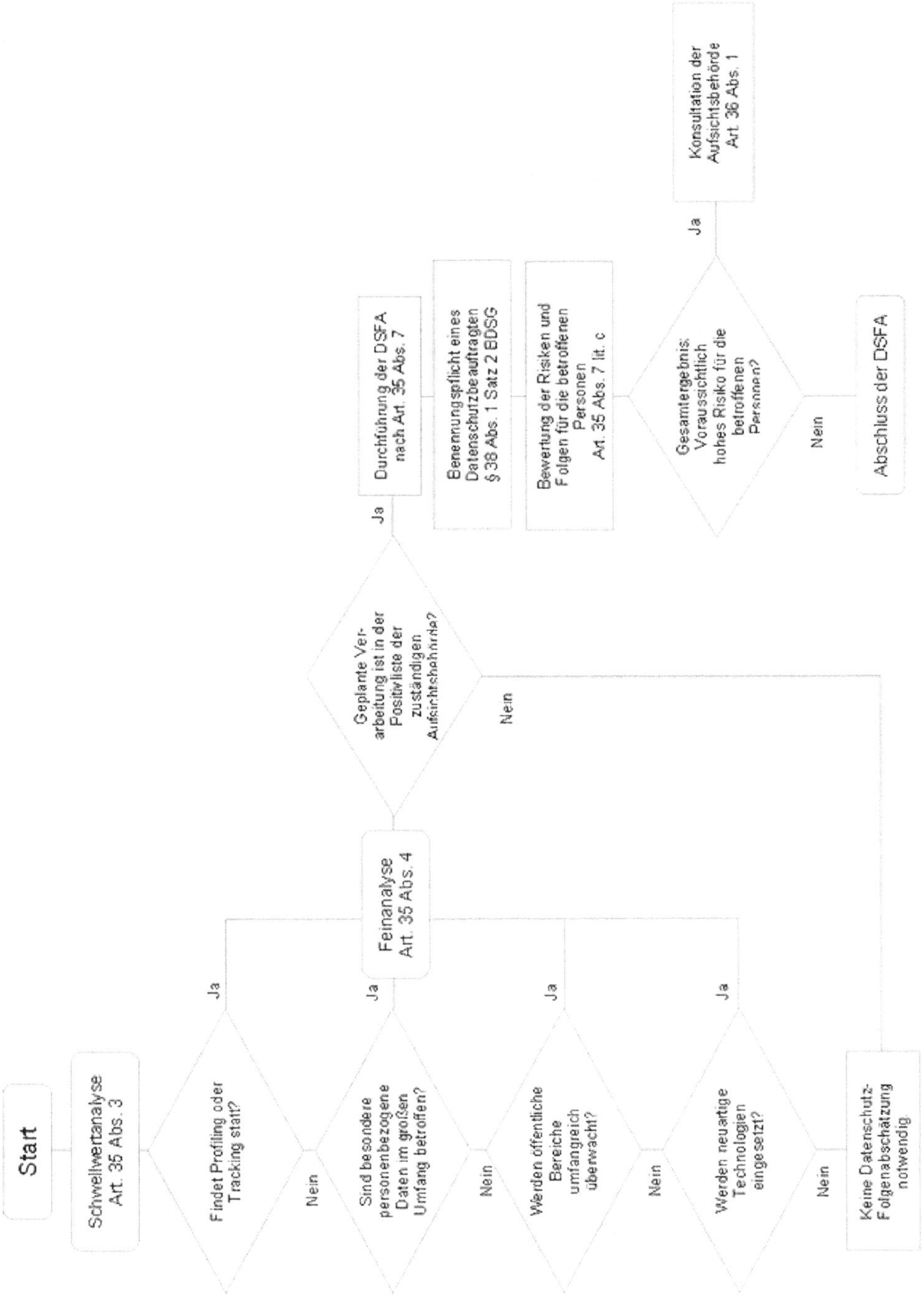

Anlage 3: Prüfschema Datenübermittlung

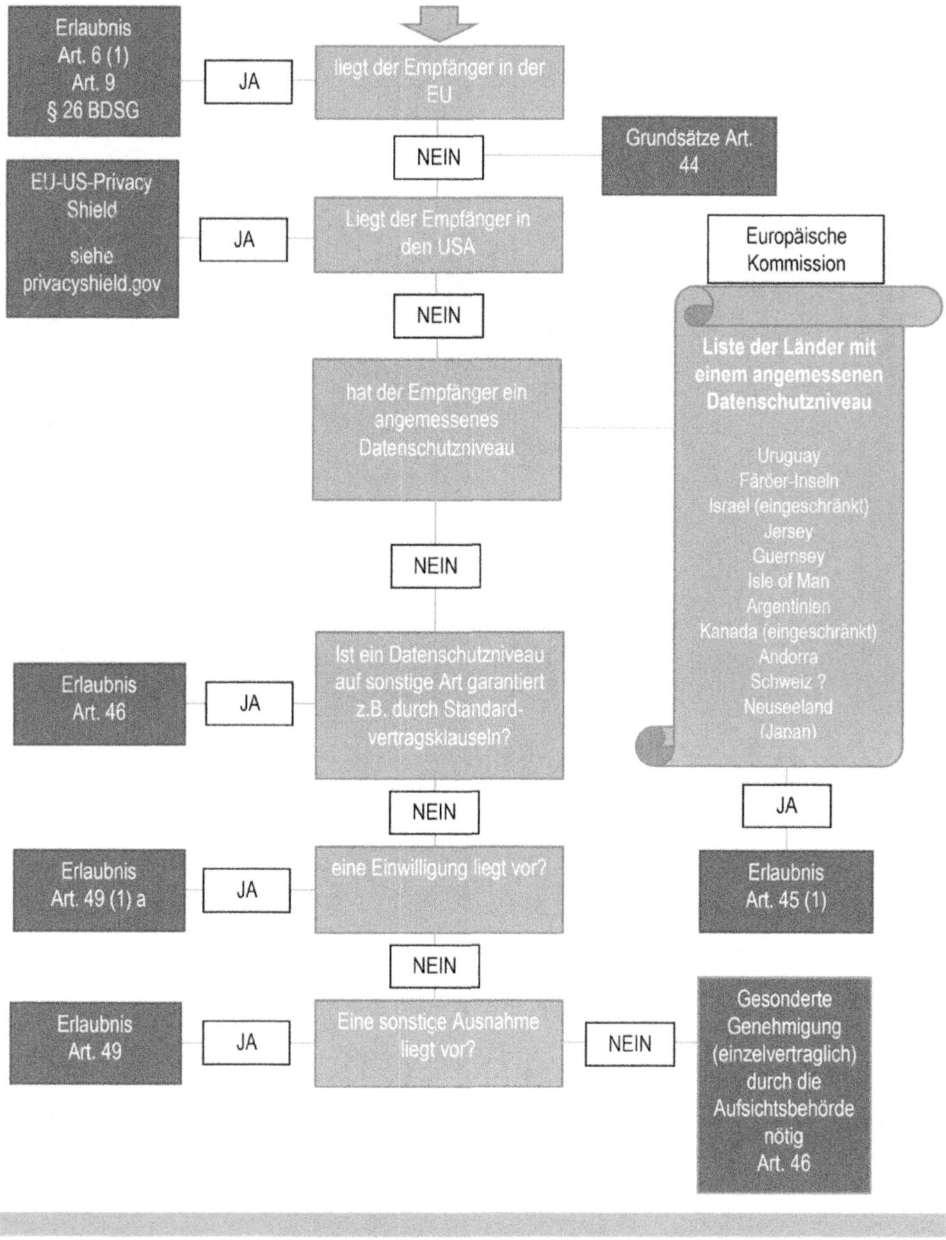

Anlage 4: Hinweisschild der Videoüberwachung

ACHTUNG

VIDEOÜBERWACHUNG

Name und Kontaktdaten des Verantwortlichen:

ABC GmbH
Geschäftsführung Tilo Thor
Musterstraße 123
98765 Musterstadt
Tel.: 09876 543 210
info@abc.de

Name und Kontaktdaten des Verantwortlichen:

Max Mustermann
Musterstraße 123
98765 Musterstadt
Tel.: 09876 543 219
DSB@abc.de

Zweck und Rechtsgrundlage der Datenverarbeitung:

Diese Videoüberwachung dient der Prävention und Strafverfolgung im Falle von Einbruch, Diebstahl und Vandalismus. Wir verarbeiten Ihre Daten zur Wahrung unserer Hausrechtes. Die Verarbeitung gründet auf unserem berechtigten Interesse (Art. 6 Abs. 1 lit. f DSGVO), am Schutz unseres Eigentums sowie dem Schutz der Beschäftigten und Besucher.

Speicherdauer:

Ihre Daten werden nach Erfüllung ihrer Zwecke gelöscht, spätestens aber nach 72 Stunden. Werden die aufzeichneten Daten für Beweiszwecke genutzt, erfolgt die Löschung erst nach den allgemeinen Verjährungsfristen.

Weitere Informationen und Ihre Rechte finden Sie unter:

Das Personal oder der Datenschutzbeauftragte händigen Ihnen die fortführenden Informationen auch gerne aus.

Anlage 5: Basissicherheit für kleine Unternehmen

Technische und organisatorische Maßnahmen gem. Art. 24 und 32 DSGVO

1. Vertraulichkeit

1.1. Allgemeine Prozesse

- ✓ Alle Mitarbeiter wurden auf Vertraulichkeit verpflichtet
- ✓ Alle Mitarbeiter werden regelmäßig zum Datenschutz geschult
- ✓ Bei der Weitergabe von Daten wird die Rechtmäßigkeit eingehalten ggf. Verträge zur Auftragsverarbeitung geschlossen

1.2 Zutrittsregelungen

- ✓ Gebäude ist nachts verschlossen
- ✓ Zutritt zum Bürogebäude haben nur berechtigte Mitarbeiter
- ✓ Besucherregelung z.B. Besucher erhalten erst nach Türöffnung durch den Empfang Zutritt
- ✓ Besuche werden protokolliert
- ✓ Besucher müssen im Gebäude begleitet werden
- ✓ Serverraum zusätzlich gesichert (Zutritt nur für berechtigtes Personal z.B. Geschäftsführer und Administrator)
- ✓ Schlüsselordnung + Schlüsselverzeichnis

Besser:

- ✓ Technische Zutrittssysteme (Chipkarte, Transponder)
- ✓ Alarmanlage

1.3 Zugangsregelungen

- ✓ Benutzerberechtigungen
- ✓ Vergabe der Rechte durch Administratoren
- ✓ Passwortregeln
- ✓ Fehlerhafte Eingaben müssen protokolliert werden + Sperrung
- ✓ Remote Zugriffe nur verschlüsselt (VPN)
- ✓ Alle Rechner + Server benötigen einen Virenschutz

- ✓ Unnötige Ports sperren z.B. USB, Internet, Drucker
- ✓ Passwörter verschlüsselt speichern
- ✓ Automatische Desktopsperre
- ✓ Sichere Aufbewahrung von Papierakten (verschließbare Schränke)
- ✓ Sichtschutz der Monitore

Besser:

- ✓ Firewall
- ✓ Intrusion-Detection-System + regelmäßige Auswertung durch Admin

1.4 Zugriffsregelungen

- ✓ Berechtigungen klar nach Zuständigkeiten trennen
- ✓ Vernichtung von Papier oder digitalen Daten gem. DIN 66399 (Schredder mind. Schutzklasse 3, bei Nutzung eines Dienstleisters ist ein Nachweis nötig)
- ✓ Regelungen treffen, dass Mitarbeiter keine Veränderungen an Hard- und Software vornehmen dürfen
- ✓ Regelungen zu privater Nutzung von E-Mail und Internet treffen

1.5 Trennung

- ✓ Systeme müssen nach Mitarbeitern, Kunden, Mandanten getrennt werden können

1.6 Pseudonymisierung und Verschlüsselung

- ✓ Remote Zugriffe nur verschlüsselt (VPN)
- ✓ Mobile Datenträger sind zu verschlüsseln
- ✓ Webseiten verschlüsseln
- ✓ Möglichst viele Daten pseudonymisieren (Kundennummern verwenden)

2. Integrität

- ✓ Veränderungen an Daten müssen protokolliert werden
- ✓ Mitarbeiter müssen mit ihrem eigenen Account arbeiten (keine Weitergabe von Passwörtern)
- ✓ Sichere Weitergabe von Daten (signieren von E-Mails)

3. Intervenierbarkeit

- ✓ Es liegt ein Verzeichnis der Verarbeitungstätigkeiten vor
- ✓ Es liegt ein Löschkonzept vor
- ✓ Eine Cloudnutzung wurde auf Rechtmäßigkeit geprüft

4. Verfügbarkeit & Belastbarkeit

- ✓ Regelmäßige Sicherung der Daten (Backup) - mind. 1 x wöchentlich, drei verschiedene Sicherungen, räumlich getrennt
- ✓ Regelmäßiges Testen einer Rücksicherung
- ✓ USV am Server
- ✓ Antivirensoftware
- ✓ Temperaturkontrolle und CO_2-Feuerlöscher im Serverraum
- ✓ Es liegt ein Notfallplan vor

Besser:

- ✓ Tägliche inkrementelle Sicherung und wöchentliche Komplettsicherung
- ✓ Brandmeldeanlage

5. Verfahren zur regelmäßigen Überprüfung, Bewertung und Evaluierung

- ✓ Es wurde ein Datenschutzkonzept erstellt
- ✓ Alle Mitarbeiter kennen die Abläufe bei Datenpannen
- ✓ Die Datenverarbeitung sollte auf die EU beschränkt werden
- ✓ Datenweitergabe an Dritte nur auf dokumentierte Weise z.B. ADV
- ✓ Genutzte Software muss den Anforderungen des Art. 25 DSGVO entsprechen (Privacy-by-...) z.B.

Suchen von Datensätzen und umfangreiche Löschung muss möglich sein, Protokollierung von Eingaben, Berechtigungen, Privater Modus, Einschränkungen der Bildschirmmaske, Möglichkeiten des Sperrens usw.

Besser:

- ✓ Es wurde ein DSB und ein Informationssicherheitsbeauftragter benannt
- ✓ DSB führt regelmäßig interne Audits durch und berichtet dem Verantwortlichen
- ✓ DSB prüft regelmäßig die Auftragsverarbeiter

Anlage 6: Nützliche Links

Erklärungen einzelner Begriffe
https://www.datenschutz-wiki.de

DSGVO und BDSG Online (inkl. Erwägungsgründe)
https://dsgvo-gesetz.de/

Übersicht aller Landesdatenschutzbeauftragten
https://www.bfdi.bund.de/DE/Infothek/Anschriften_Links/anschrif-
ten_links-node.html

IT-Grundschutz-Kompendium
https://www.bsi.bund.de/DE/Themen/Unternehmen-und-Organi-
sationen/Standards-und-Zertifizierung/IT-Grundschutz/IT-Grund-
schutz-Kompendium/it-grundschutz-kompendium_node.html

Orientierungshilfe Telemedien (DSK) – Cookie-Banner
https://www.datenschutz.rlp.de/fileadmin/lfdi/Dokumente/Orientie-
rungshilfen/OH_TMG.pdf

Hinweise, Kurzpapiere, Orientierungshilfen, Entschließungen rund um den Datenschutz
https://www.datenschutzkonferenz-online.de/

Vorlage für Verträge zur Auftragsverarbeitung
https://www.gdd.de/arbeitskreise/datenschutz-und-datensicherheit-im-
gesundheits-und-sozialwesen/materialien-und-links/auftragsverarbeitungs
-mustervertrag-fuer-das-gesundheitswesen

Standardisierte Vertragsklauseln für Auftragsverarbeitungen in Drittländern
https://ec.europa.eu/info/sites/default/files/1_de_annexe_acte_autonome
_cp_part1_v3.pdf

Vordruck - Vertrag zur gemeinsamen Verantwortlichkeit Baden-Württemberg
https://www.baden-wuerttemberg.datenschutz.de/praxishilfen/

Beispiel einer Datenschutz-Folgenabschätzung
https://www.lda.bayern.de/media/themen/03_dsfa_fallbeispiel_bayl da_iso29134.pdf

Kostenfreies PIA-Tool zur Dokumentation von Datenschutz-Folgenabschätzungen
https://www.datenschutz-bayern.de/dsfa/

Übersicht der Länder mit einem Angemessenheitsbeschluss
https://ec.europa.eu/info/law/law-topic/data-protection/international-dimension-data-protection/adequacy-decisions_en

Datenbank über Rechtsurteile
https://beck-online.beck.de
https://openjur.de/

Stiftung Datenschutz
https://stiftungdatenschutz.org

Europäischer Datenschutzausschuss (EDSA)
https://edpb.europa.eu/edpb_de

Datenschutzkonferenz (DSK)
https://www.datenschutzkonferenz-online.de/

Weiterbildungen und Online-Schulungen von Jacqueline Vogel
https://conveni.live/schulungen-coachings/digitalisierung/

Anlage 7: Lösungen zu den Übungsaufgaben

Wenn Sie sich auf eine Prüfung zum Datenschutzbeauftragten vorbereiten, werden die meisten Fragen über Multiple Choice zu beantworten sein. Dabei geht es immer „quer durch den Gemüsegarten." Die Prüfungen verlangen, dass Sie sich sowohl in den Grundsätzen des Datenschutzes auskennen als auch in den Aufgaben eines Datenschutzbeauftragten bis hin zu technischen Fragen zur Datensicherheit. Viele der Übungsfragen habe ich bewusst im Multiple Choice Format erstellt. Es ist aber auch immens wichtig, dass Sie sich mit Fallbeispielen auseinandersetzen können, weil das dann nun mal Ihr „täglich Brot" sein wird.

7.1. Lösung Kontrollfragen Kapitel 2

1. Prüfen Sie welche der genannten Pflichten aus der DSGVO und dem BDSG einem Auftragsverarbeiter auferlegt werden.

Aussage	Richtig	Falsch
Ein Auftragsverarbeiter muss unter Umständen einen Datenschutzbeauftragten benennen. *(Art. 37 DSGVO und § 38 BDSG)*	x	
Ein Auftragsverarbeiter muss ein Verarbeitungsverzeichnis führen. *(Art. 30 DSGVO)*	x	
Der Auftragsverarbeiter muss die Betroffenen über die Verarbeitung der Daten informieren. *(Art. 13 und 14 DSGVO. Der Verantwortliche muss die Betroffenen darüber informieren, dass die Daten durch einen Auftragsverarbeiter verarbeitet werden.)*		x
Im Falle einer Datenschutzverletzung an den überlassenen Daten, meldet der Auftragsverarbeiter innerhalb von 72 Stunden den Vorfall der		x

Aufsichtsbehörde. *(Gemäß Art. 33 Abs. 2 meldet der Auftragsverarbeiter unverzüglich dem Verantwortlichen.)*		
Der Auftragsverarbeiter muss seine Beschäftigten zum Datengeheimnis verpflichten. *(Art. 29 DSGVO)*	x	
Der Auftragsverarbeiter muss geeignete technische und organisatorische Maßnahmen ergreifen, um die ihm überlassenen Daten zu schützen. *(Art. 32 DSGVO)*	x	
Der Auftragsverarbeiter muss als Auftragsverarbeiter zertifiziert sein. *(Eine Zertifizierung nach ISO 9001 oder ISO 27001 stellte eine geeignete Garantie für die Auswahl eines sicheren Anbieters dar, ist aber keine zwingende Voraussetzung.)*		x

2. Eine verantwortliche Stelle (XYZ) möchte für die regelmäßige Aktenvernichtung einen externen Dienstleister beauftragen. Welche der folgenden Vorkehrungen sind in diesem Zusammenhang zu treffen?

   ☐ Es sind keine besonderen Vorkehrungen zu treffen, da es sich um die Vernichtung von Daten handelt.
   ☒ Der DSB prüft vor einer Zusammenarbeit, ob der Dienstleister geeignete Garantien zum Schutz der personenbezogenen Daten vorweisen kann.
   ☐ Es handelt sich um eine Auftragsverarbeitung gem. Art. 28 DSGVO.
   (Keine Vorkehrung)
   ☐ Die Beschäftigten müssen vor der Vernichtung gem. Art. 6 Abs. 1 a DSGVO zustimmen.
   ☒ Der Verantwortliche schließt vor der Zusammenarbeit einen Vertrag über die Auftragsverarbeitung.
   ☐ Der DSB muss der Zusammenarbeit zustimmen.

3. Fortsetzung der Aufgabe 2: Der Dienstleister für die Aktenvernichtung möchte bei Engpässen auf die Leistungen eines Partnerunternehmens zurückgreifen. Welche Aussagen über die Zusammenarbeit sind korrekt?

   ☒ Das Partnerunternehmen wird ein Unterauftragsverarbeiter der verantwortlichen Stelle (XYZ).
   ☐ Der Aktenvernichter wird zum Unterauftragsverarbeiter und das Partnerunternehmen wird zum Auftragsverarbeiter.
   ☐ Das Partnerunternehmen muss einen Vertrag zur Auftragsverarbeitung mit der verantwortlichen Stelle (XYZ) schließen.
   ☒ Das Partnerunternehmen muss einen Vertrag zur Auftragsverarbeitung mit dem Aktenvernichter schließen und die Zustimmung der verantwortlichen Stelle einholen.

4. Welche Inhalte muss der Vertrag zur Auftragsverarbeitung mindestens abdecken?

   ☐ Eine Übersicht der Einwilligungen der Betroffenen.
   ☒ Beschreibung der Bedingungen zur Inanspruchnahme von Unterauftragsverarbeitern.
   ☐ Anschrift der zuständigen Aufsichtsbehörde.
   ☒ Bedingungen über die Löschung oder Vernichtung der übermittelten Daten nach Abschluss der erbrachten Leistungen.
   ☒ Bestätigung, dass alle Beschäftigten des Auftragsverarbeiters sich zur Vertraulichkeit verpflichtet haben.
   ☒ Nachweis oder Übersicht, dass geeignete technische und organisatorische Maßnahmen den Schutz der personenbezogenen Daten gewährleisten.

7.2. Lösung Kontrollfragen Kapitel 3

1. Welche Aussagen über die gemeinsame Verantwortung gem. Art. 26 sind korrekt?

- ☐ Jede Zusammenarbeit muss zunächst der Aufsichtsbehörde angezeigt werden.
- ☐ Der DSB prüft vor einer Zusammenarbeit, ob der Dienstleister geeignete Garantien zum Schutz der personenbezogenen Daten vorweisen kann.
- ☒ Es ist ein Vertrag über die Zusammenarbeit zu schließen aus denen die unterschiedlichen Verantwortlichkeiten hervorgehen.
- ☐ Der Auftragsverarbeiter verarbeitet im Auftrag des Verantwortlichen personenbezogene Daten.
- ☒ Eine betroffene Person kann bei jedem Verantwortlichen ihre Rechte z.B. Auskunftsrecht einfordern.

7.3. Lösung Kontrollfragen Kapitel 4

1. Was ist eine Folgenabschätzung nach DSGVO?

   ☒ Eine Abwägung der Interessen des Betroffenen und des Verantwortlichen.
   ☐ Ein Verfahren zur Ermittlung und Beobachtung des Verhaltens von Nutzern im Internet.
   ☐ Ein Verzeichnis von Verarbeitungstätigkeiten des Verantwortlichen und eine Beschreibung organisatorischer und technischer Maßnahmen.
   ☒ Eine systemische Beschreibung von Verarbeitungsvorgängen unter Nennung von Risiken für die Rechte von Betroffenen und deren Bewältigung.

2. Was ist im Zusammenhang mit einer Datenschutz-Folgenabschätzung nach DSGVO zu beachten?

   ☐ Die Betroffenen müssen über die Durchführung einer Datenschutz-Folgenabschätzung informiert werden.
   ☒ Wenn vorhanden ist der Datenschutzbeauftragte hinzuzuziehen.
   ☐ Die Verantwortung für die Durchführung und das Ergebnis der Datenschutz-Folgenabschätzung hat der Datenschutzbeauftragte.
   ☒ Im Fall eines ermittelten hohen Risikos für die Betroffenen ist die Aufsichtsbehörde zu konsultieren.

3. Was ist bei der Einführung eines neuen E-Mail-Systems datenschutzrechtlich zu beachten?

- ☐ Es muss im Vorfeld eine Datenschutz-Folgenabschätzung nach Art. 35 erfolgen.
  (Nicht zwangsläufig. Es handelt sich weder um eine neuartige Technologie noch wird dadurch ein Profiling betrieben.)
- ☐ Alle betroffenen Personen müssen im Vorfeld ihre Einwilligung erteilt haben.
- ☒ Das Verfahren muss im Verzeichnis der Verarbeitungstätigkeiten festgehalten werden. *(Siehe Basisbuch)*
- ☒ Personenbezogene Daten sollten möglichst mit verschlüsselten Mails verschickt werden. *(Siehe Basisbuch)*
- ☒ Es müssen die technischen und organisatorischen Maßnahmen definiert und eingehalten werden. *(Siehe Basisbuch)*

7.4. Lösung Kontrollfragen Kapitel 5

1. Was ist im Sinne der DSGVO unter einem Drittland zu verstehen?

   ☐ Ein Land in dem die DSGVO zur Anwendung kommt.
   ☐ Ein Land innerhalb der Europäischen Union.
   ☒ Ein Land außerhalb der Europäischen Union.
   ☐ Ein Land für das ein angemessenes Datenschutzniveau vorliegt.
   ☐ Das Empfängerland nach einer Übermittlung an einen Dritten.

2. Die XYZ GmbH möchte personenbezogene Daten an andere Unternehmen übermitteln. Welche Voraussetzungen müssen dazu erfüllt werden?

   ☐ Es müssen keine zusätzlichen Voraussetzungen erfüllt werden, da die Datenübermittlung keine Verarbeitung darstellt.
   ☒ Es muss eine Rechtsgrundlage gemäß Art. 6, 9 DSGVO oder § 26 BDSG vorliegen.
   ☐ Im Vorfeld muss eine Datenschutz-Folgenabschätzung durchgeführt werden.
   ☒ Bei einer Übermittlung in ein Drittland, müssen zusätzlich die Regelungen der Art. 44 ff. DSGVO berücksichtigt werden.
   ☒ Unter Umstände handelt es sich bei der Übermittlung um eine Auftragsverarbeiter. In diesem Fall muss ein Vertrag zur Auftragsverarbeitung nach Art. 28 geschlossen werden.

3. Die Übermittlung von Daten in Drittländer ist nach der DSGVO zulässig, wenn...

   ☒ die betroffene Person in die Übermittlung gemäß Art. 49 Abs. 1 lit. a ausdrücklich eingewilligt hat.

   ☒ der Verantwortliche geeignete Garantien vorgesehen hat z.B. durch die Nutzung von Standardvertragsklauseln.

   ☐ eine Datenschutzfolgeabschätzung gemäß Art. 35 stattgefunden hat.

   ☒ das Land ein angemessenes Schutzniveau hat und dies mittels Angemessenheitsbeschluss nach Art. 45 nachgewiesen wurde.

   ☐ das Unternehmen ein Verarbeitungsverzeichnis gemäß Art. 30 der Aufsichtsbehörde vorlegt hat.

4. Was versteht man unter One Stop Shop?

   ☐ Gehören einem Unternehmen mehrere Niederlassungen in der EU an, gilt die DSGVO nur für die Hauptniederlassung.

   ☐ Bei einem internationalen Bußgeldverfahren übernimmt die Federführung der Europäische Gerichtshof.

   ☐ Vor jedem Geschäftsbesuch muss der Kunde die Datenschutzhinweise lesen können. Deshalb werden sie häufig am Eingangsbereich ausgehängt.

   ☒ Für Unternehmen mit mehreren Niederlassungen in der EU, ist bei grenzüberschreitender Datenverarbeitung die Aufsichtsbehörde an ihrem Hauptsitz federführend zuständig.

7.5 Lösung Kontrollfragen Kapitel 6

1. In welchen der folgenden Bereiche ist eine Videoüberwachung grundsätzlich verboten?

   ☐ Öffentlicher Parkplatz.
   ☒ Ruheraum der Mitarbeiter einer Arztpraxis.
   ☒ Umkleidekabinen eines Unternehmens.
   ☐ Kantine eines Unternehmens.
   ☐ Flure und IT-Abteilung einer Behörde.
   ☐ Vorräume zu den Toiletten eines Vereins.

2. Der Verantwortliche der XYZ GmbH möchte eine Videokamera im Eingangsbereich in Betrieb nehmen. Welche der folgenden Anforderungen aus der DSGVO müssen in diesem Zusammenhang ebenfalls erfüllt werden.

   ☐ Die Speicherung des Videomaterials ist nicht zulässig. Es sind nur Live-Videoüberwachungen möglich.
   ☒ Es muss geprüft werden, ob im Vorfeld eine Datenschutz-Folgenabschätzung gem. Art. 35 erfolgen muss.
   ☒ An allen Zugängen zum Überwachungsbereich müssen Hinweisschilder angebracht werden, die den Umstand der Überwachung verdeutlichen.
   ☐ Die Aufsichtsbehörde muss ihre Einwilligung zur Überwachung erteilt haben.
   ☒ Die Verarbeitung der Videodaten muss im Verzeichnis der Verarbeitungstätigkeiten dokumentiert werden.
   ☐ Betroffene müssen zuvor ihre Einwilligung in die Überwachung erteilen.

7.6 Lösung Kontrollfragen Kapitel 7

1. In welchem Gesetz ist das „Fernmeldegeheimnis“ geregelt?

☐ TKG
☐ TMG
☐ DSGVO
☒ TTDSG
☐ BDSG

2. Mit welchen Sanktionen muss bei einem Verstoß gegen das Fernmeldegeheimnis gerechnet werden?

☒ Geldstrafe.
☐ Verwarnung.
☐ Strafdienst.
☒ Bis zu 5 Jahren Freiheitsstrafe.
☐ Bis zu 10 Jahren Freiheitsstrafe.

3. Welche Anforderungen muss eine Einwilligung zum Einsatz eines Drittpartei-Cookies erfüllen?

☒ Ein Hinweis auf die Datenschutzhinweise muss erfolgen.
☒ Nutzer müssen aktiv dem Einsatz des Cookies zustimmen.
☐ Durch den Besuch der Webseite stimmt der Nutzer automatisch den Cookie-Bedingungen zu.
☒ Eine erfolgte Zustimmung muss jederzeit widerrufbar sein.
☐ Der Cookie-Banner darf nur Schriftgröße 6 ausweisen, damit er nicht von wesentlichen Inhalten der Webseite ablenkt.

7.7 Lösung Kontrollfragen Kapitel 8

1. Darf in Konzernen ein gemeinsamer Datenschutzbeauftragter benannt werden, der für alle Gesellschaften gelichzeitig tätig ist?

    ☐ Nein. Jede Gesellschaft muss einen anderen Datenschutzbeauftragten benennen, um die Verantwortlichkeiten klar zu trennen.

    ☐ Ja.

    ☒ Ja, wenn der der gemeinsame Datenschutzbeauftragte von jeder Niederlassung leicht zu erreichen ist.

    ☐ Nur nach vorheriger Absprache mit der Aufsichtsbehörde.

2. Die Tochtergesellschaften einer Unternehmensgruppe lassen die IT-Dienste zentral über die Muttergesellschaft abwickeln. Diese Verarbeitung stellt grundsätzlich eine Auftragsverarbeitung dar. Muss für den Datenaustausch in Unternehmensgruppen grundsätzlich ein Vertrag zur Auftragsverarbeitung geschlossen werden?

    ☐ Ja. Für Konzerne gibt es keine Ausnahmen.

    ☒ Nein. Unternehmensgruppe können ein berechtigtes Interesse glaubhaft machen („Konzernprivileg") die Daten für interne Verwaltungszwecke an die Muttergesellschaft übermitteln.

    ☐ Das ist davon abhängig, ob ein gemeinsamer Datenschutzbeauftragter benannt wurde.

7.8 Lösung Kontrollfragen Kapitel 9

1. Im Konzept zur Zugangskontrolle ist eine biometrische Benutzeridentifikation vorgesehen. Was ist darunter zu verstehen?

   ☒ Geräte prüfen die Legitimation von Personen anhand von einzigartigen persönlichen Merkmalen, wie z.B. Stimmenerkennung.

   ☐ Geräte, wie z.B. Kartenleser regeln den Zugang zu Datenverarbeitungsanlagen. Nur wenn die befugte Person die passende Magnetkarte besitzt, wird der Zugang gewährt.
   (nicht biometrisch)

   ☐ Nur durch die Kombination eines Benutzernamens mit Passwort wird der Zugang gewährt.
   (nicht biometrisch)

   ☐ Personal eines Sicherheitsunternehmens kontrolliert die Legitimation einer Person.
   (nicht biometrisch)

2. Wie vernichten Sie Datenträger mit personenbezogenen Daten sicher?

   ☐ Dokumente kann man über jeden Schredder sicher vernichten.
   (Nicht jeden!)

   ☐ Bei digitalen Daten reicht das Formatieren des Datenträgers aus.
   (Mehrfaches Überschreiben der Daten ist notwendig)

   ☐ Datenträger können über den Restmüll entsorgt werden, da der Müll in der Müllverbrennungsanlage verbrannt wird und die Daten so sicher vernichtet werden.

   ☐ Dokumente müssen, vor der Entsorgung über den Papiermüll, mehrmals zerrissen werden.

   ☒ Datenträger werden mit einem Schredder oder über die Entsorgung in einer Datenschutztonne (mit entsprechender Sicherheitsstufe) sicher vernichtet.

3. Was versteht man unter Zugriffskontrolle?

☐ Unbefugten ist der Zutritt zu Datenverarbeitungsanlagen, mit denen personenbezogene Daten verarbeitet oder genutzt werden, zu verwehren.
(Zutrittskontrolle)

☐ Es ist zu verhindern, dass Datenverarbeitungssysteme von Unbefugten genutzt werden können.
(Zugangskontrolle)

☒ Es ist zu gewährleisten, dass die zur Benutzung eines Datenverarbeitungssystems Berechtigten ausschließlich auf die ihrer Zugriffsberechtigung unterliegenden Daten zugreifen können und dass personenbezogene Daten bei der Verarbeitung, Nutzung und nach der Speicherung nicht unbefugt gelesen, kopiert, verändert oder entfernt werden können.

☐ Es ist zu gewährleisten, dass nachträglich überprüft und festgestellt werden kann, ob und von wem personenbezogene Daten in Datenverarbeitungssysteme eingegeben, verändert oder entfernt worden sind.
(Eingabekontrolle)

4. Welche Aussagen zu Datenschutz und Datensicherheit sind korrekt?

☒ Datensicherheit regelt und gewährleistet z.B. die Wiederherstellbarkeit von automatisierten Daten.

☐ Datensicherheit, im Sinne der DSGVO, schützt die Rechte der Verantwortlichen und soll Sicherheitsrisiken minimieren.
(...schützt die Rechte der Betroffenen)

☒ Datenschutz schützt den Betroffenen vor missbräuchliche Verwendung seiner Daten.

☐ Datensicherheit gewährleistet, dass alle personenbezogenen Daten jederzeit für jeden abrufbar sind.

☐ Datenschutz stellt sicher, dass alle elektronischen Daten sicher in einem Aktenschrank aufbewahrt werden.

☒ Datenschutz ist ein verfassungsrechtlich geschütztes Recht auf informationelle Selbstbestimmung.

5. Für was steht die Abkürzung USV?

☐ Universelle Stromversorgung
☒ Unterbrechungsfreie Stromversorgung
☐ Unabhängiges System für Virenschutz
☐ Unabhängige Softwareversorgung
☐ Unberechtigter Systemvorfall

6. Welche Aussagen über Anti-Virenprogramme sind richtig?

☐ Es sorgt dafür, dass Betroffene das Internet anonym nutzen können.
☐ Es regelt den Zugang zum internen Unternehmensnetzwerk und verhindert unberechtigte Zugriffe. (= z.B. Firewall)
☒ Dateien und E-Mails werden vor der Nutzung gescannt und auf Viren geprüft.
☐ Es bewertet mögliche Risiken einer geplanten Verarbeitungstätigkeit.
(DSFA)
☒ Die Zuverlässigkeit der Programme hängt von der Aktualität ab.
☒ Die Nutzung eines Anti-Virenprogramms gehört zu den technischen- und organisatorischen Maßnahmen.

7. Welche der folgenden Szenarien beinhalten Risiken, die den Schutz der personenbezogenen Daten des Unternehmens beeinträchtigen könnten.

☒ Alle Besucher können das unverschlüsselte WLAN des Unternehmens nutzen.
(Infizierung des Netzwerkes mit Viren möglich, Zugriff auf interne Daten auf Netzlaufwerken.)

☒ Besucher, die sich bereits auskennen, dürfen ohne Begleitung durch das Unternehmen laufen.
(Offenlegung von personenbezogenen Daten, Zutritt zu personenbezogenen Daten.)

☒ Die Mitarbeiter dürfen ihr privates Smartphone am Arbeitsplatzrechner per USB aufladen.
(Infizierung des Netzwerkes mit Viren möglich.)

☒ Die Mitarbeiter der Personalabteilung dürfen bei Überstunden Personalunterlagen mit nach Hause nehmen.
(Zugang zu personenbezogenen Daten.)

☒ Der Betriebsrat nutzt für den Zugang zum Betriebsrat-Rechner einen Token für eine 2-Faktor-Authetifizierung.

8. Was ist mit Privacy-by-Default gemeint?

☐ Jeder Verantwortliche darf nur solche Verarbeitungssysteme nutzen, deren Technik den Datenschutz unterstützt.
(Privacy-by-Design)

☐ Es handelt sich um sogenannte Standarddatenschutzklauseln, die zwischen Unternehmen der USA und der EU geschlossen wurden.
(Privacy-Shield)

☐ Damit ist eine verschlüsselte Remoteverbindung zum Unternehmensnetzwerk gemeint.
(VPN)

☒ Systeme, mit denen personenbezogene Daten verarbeitet werden, müssen datenschutzkonforme Voreinstellungen mitbringen.

9. Welche der folgenden Maßnahmen sind dazu geeignet eine Zutrittskontrolle im Rahmen der Vertraulichkeit nach Art. 32 DSGVO zu erfüllen?

- ☒ Schlüsselvergabe inklusive Schlüssel- und Schließkonzept
- ☐ Verschlüsselung der Webseite *(Zugriff, Zugang)*
- ☒ Videoüberwachung
- ☐ Anti-Virensoftware *(Verfügbarkeit, Integrität, ...)*
- ☐ Phishing

10. Wie können Mitarbeiter ihren Arbeitsplatz gegen eine unbefugte Offenlegung personenbezogener Daten schützen?

- ☒ Durch Abschließen der Bürotür, nachdem das Büro verlassen wurde.
- ☒ Durch das Sperren des PC, wenn Sie ihren Arbeitsplatz oder den Raum verlassen.
- ☐ Durch Umdrehen der Dokumente auf dem Schreibtisch beim Verlassen des Arbeitsplatzes.
- ☐ Bei Abwesenheiten beaufsichtigen die Kollegen den Arbeitsplatz.
- ☒ Durch die Verwendung von sicheren Passwörtern am PC.

Abbildungsverzeichnis

Stichwortverzeichnis

Haftungsausschluss:
Die Benutzung dieses Buches und die Umsetzung der darin enthaltenen Informationen erfolgt ausdrücklich auf eigenes Risiko. Haftungsansprüche gegen den Verlag und den Autor für Schäden materieller oder ideeller Art, die durch die Nutzung oder Nichtnutzung der Informationen bzw. durch die Nutzung fehlerhafter und/oder unvollständiger Informationen verursacht wurden, sind grundsätzlich ausgeschlossen. Rechts- und Schadenersatzansprüche sind daher ausgeschlossen. Das Werk inklusive aller Inhalte wurde unter größter Sorgfalt erarbeitet. Der Verlag und der Autor übernehmen jedoch keine Gewähr für die Aktualität, Korrektheit, Vollständigkeit und Qualität der bereitgestellten Informationen. Druckfehler und Falschinformationen können nicht vollständig ausgeschlossen werden. Der Verlag und auch der Autor übernehmen keine Haftung für die Aktualität, Richtigkeit und Vollständigkeit der Inhalte des Buches, ebenso nicht für Druckfehler. Es kann keine juristische Verantwortung sowie Haftung in irgendeiner Form für fehlerhafte Angaben und daraus entstandenen Folgen vom Verlag bzw. Autor übernommen werden. Für die Inhalte von den in diesem Buch abgedruckten Internetseiten sind ausschließlich die Betreiber der jeweiligen Internetseiten verantwortlich. Der Verlag und der Autor haben keinen Einfluss auf Gestaltung und Inhalte fremder Internetseiten. Verlag und Autor distanzieren sich daher von allen fremden Inhalten. Zum Zeitpunkt der Verwendung waren keinerlei illegalen Inhalte auf den Webseiten vorhanden.

Made in the USA
Monee, IL
05 November 2026

67807949R10103